I0172934

Мирослав Б. Младеновић Мирац

ПЕЧАЛОВИНА
песме

Друго допуњено издање

Власотинце, 2015. године

Црнотравски печалбари с прве половине двадесетог века.

На слици: црнотравски дунђери-зидари 1932. године на градилишту у Београду.

Власотиначки печалбари половином двадесетог века.

На слици: циглари из село Преданча. Поред тезге стоје: Тодор Петровић (1926.) количар, Благоје Младеновић (1920.) калција, Градимир Ђорђевић (1927.) секач, Томислав Младеновић (1930.) простирач и секач.

Фото запис из 1956. године са циглане Гаково у Војводини.

Посвета

У свим временима умни људи нису имали разумевање *тоћника* средине у којој живе, па су и постајали њихове жртве – због својих уверења прошли су прогон суровог осветољубља малих богова повређене сујете, који су владали различитим институцијама локалне друштвене структуре.

Такву је судбину доживео у време партијског једноумља друге половине двадесетог века мој драги пријатељ и колега Раде Костадиновић, рођен 1930.г. у селу Брод, Црна Трава, у печалбарској, а и партизанској породици, хроничар Црне Траве, локални етнолог, културно - јавни радник и дописник многих дневних новина и часописа у бившој социјалистичкој Југославији.

За историју мале Црне Траве, Раде Костадиновић је подарио низ записа о животу у планини - описе великог броја хајдука, јунака, народних хероја и догађања у борбама за национално и социјално ослобођење од Турака, Бугара и Немаца у српско – турским ратовима, Балканским ратовима, Првом и Другом светском рату, као и слика из живота црнотравских неимара - грађевинара, познатих не само на градилиштима Југославије него и широм света.

Као заљубљеник у свој родни крај, на себи својствен начин, са пуно љубави, у ствари писано је уобличио епско-лирски живот народа у овом планинском крају.

По њему ће се памтити многи историјски догађаји и људи – Црнотравци, као слободољубиви народ, вечити сањари једног бољег и хуманијег живота - тамо негде у печалби.

4

У младости био ми је узор. Као просветном раднику, који је тек почео да ради, помагао ми је у сфери струке, али ме је и увео у свет стваралаштва - па сам се тада почео и сам активно бавити историографијом и етнологијом.

Следио сам га, пролазио као и он кроз многа животна искушења-на срећу, остао биолошки у животу, не доживевши његову људску трагедију, да због прејаких речи прерано оде са овога света.

Његово последње ЧЕМЕРНО ПИСМО УЧИТЕЉА објављено у часопису УЧИТЕЉ 1986.г. представља документ једног времена који шаље поруку наредним генерацијама да у новије доба спрече прогоне правих људи зарад похлепе оних других – да нико више безразложно, мучене душе, не оде прерано са овога света као мој драги пријатељ Раде Костадиновић (ја сам некако биолошки опстао - па морално све ово пишем о Црној Трави само због њега).

Због свега тога, ову своју скромну збирку завичајних песама - ПЕЧАЛОВИНА, посвећујем Теби, мој драги пријатељу, нека се сећају поколења на наше време живота у планини.

14.октобар 2008. године, Власотинце
Мирослав Б. Младеновић Мирац

5

Чемерно лице учитеља са границе

Радомир Костадиновић

ЧЕМЕРНО ПИСМО УЧИТЕЉА СА ГРАНИЦЕ

Просветном раднику на граници у планини није лако,
Зато у ова гранична села учитељ није остајао дуже нико.
Због тога је иза рата била одлука у законској снази:
„Ко десет година учитељује у селу-у град прелази".

То је било кредо да као учитељ и наставник дођем у село,
Стеже ми се у души кад ту одлуку изигра наше чело,
Целог дана у школи предајем, ноћу граничар постајем.
Три и по деценије даноноћно трчим, никада не стојим.

У планини је због миграције остало врло мало ђака,
Зато наставника из горе у најгоре место моћник сељака,
Без стана, хране, превоза и уз врло малу плату,
Три и по деценије па тридесет доприноса џака ми наплату.

У тридесет и пет година тешкога живота мога,
Само сам четири године имао некога свога бога:
Од шездесет осме па до ближе седамдесет друге,
Могао сам у глухо доба написати сеоске хронике дуге.

Опет сам морао тридесет километара дневно да пешачим,
Целодневну наставу уз стресове да држим и патим.
А све то уз малу плату, без превоза, стана и хране.
Тешки услови рада и стресови срце разоре, гушење
настане.

Деведесет одсто ми износи сада оштећење тела,
Иако разорена срца предавах у далека гранична села.
Као најбољег ученика учитељске и наставних школа,
Уништи ме зла судба у гранична села пуста и гола.

За мојих још непуних педесет и пет лета,
Сакупљах културно благо за које је велика штета,.
Ако се не одштампа и угледа бела света:
А мени разорена срца отказаше операције:"Нема ми лека".

12. март 1986.г Црна Трава Радомир Љ. Костадиновић,
учитељ и наставник српскохрватског језика и
књижевности из Црне Траве.

(Часопис УЧИТЕЉ бр. 17, страна 162, март 1986. Београд)

Чемерно лице учитеља са границе

[рукописни текст писма]

12. март 1986. године,
Црна Трава

Радомир В. Костадиновић,
учитељ и наставник српско-
хрватског језика и књижевности
из Црне Траве

Рукопис писма у оригиналу

Печалбар се на пута спрема

АЛАТКА

У село си се увек чује:
"Куде му је, бре, алатка".
К'д си појде у печалбу,
Држ – не дај да се најде,
Да се тури у торбицу.
Пинтери траже качарске,
Дунђери дунђерске,
Циглари цигларске,
Зидари зидарске.
Сви по кућу се штурку,
Да се нешто не забрај.
Ал има и оне друге алатке,
Онеј мушке алатке,
Која је у село на цену.
Кол'ко гу жене поштују,
Кол'ко се с њу фале,
К'д се састану да политиче
На селску крстопутину:
„Мори, нема играње,
Голема му је алатка,
Бегај што подалеко,
Да те не изгрбачи!
Хе,хе,хе..."
Иде смејурија по путишта.

6.октобар 2008.године, Власотинце
* * *

ТАКВЕ СУ НАМ СУЂЕНИЦЕ

Од давнина се у планини ишло у печалбу.
За дунђере, цигларе, пинтере, столаре,
Са планинских висова Црне Траве,
И Горњег Повласиња Власотинца,
Кад проклија кукурек, најави пролеће,
Долази време да се напушта кућа.
Напусти топла постеља и млада жена,
Да се оде тамо негде далеко.
Пинтери са собом носе:
Тежак пинтерски алат,
Зидари-мистрију и чекић.
Дунђери-бичкију; циглари-калуп,
Столари-дугачак рампов.
Са тим алатом се лутало по свету,
Зарађивао хлеб и хранила породица.
Понеко је носио и музичке инструменте:
Дудук, гусле или гајде.
Горак је био хлеб печалбара.
Село Јаковљево, увек посна земља.
Већином је било циглара у печалбу.
Пред крај живота причу прича,
Баба Наталија, жена печалбара:
„Муж ми је бил печалбар-циглар,
Цел живот превртал земљу,
Да би од њу правил циглу“.
Орало се на посној земљи,

Да би се из ње извукло
Мало овса, ража или царевице.
Одлазило се у туђи свет,
Прешло на хиљаде километара,
Да се нађе посао и заради пара.
Жене печалбара, када испрате
Свог човека у печалбу,
Гледале су кућу, децу и земљу.
Туговале и чекале нестрпљиво,
Да се пошаље која пара од зараде.
У Јаковљеву и у другим селима,
Постоје места за испраћај печалбара.
Наше је било Дел,
На раскрсници путева села:
Дољег Гара, Златићева и Свођа.
Ту су били наши растанци,
Ту их пратимо са породицама,
Носе се флаше с ракијом, бардаци вина.
Ту се пије, чашћава, држи благослов,
Моли се Бог, да печалбару подари здравље,
Срећу и добру печаловину,
Да се жив и здрав врати кући.
Плакање је било непожељно,
Туга се гушила, бол прикривао.
Мајке, жене, сестре, рођаци,
Када отпрате печалбара,
Настоје да буду весели и насмејани.
Испод осмеха и ведрине,
Крила се брига и гутале сузе.

Жене када се врате кући,
Ћутећи, приону на работу,
Да једну муку замене другом.
Баба Наталија, седамдесетих година,
                           двадесетог века,
Завршава своју причу овако:
„Ал што да се работи,
Такој су нам судиле Суђенице“.

5.октобар 1977.године, Власотинце

* * *

БРАЛЕ СУ КИТКЕ

Тешки су растанци печалбара,
Кад се при растанку почасте,
Изљубе руке печалбара,
Предају им се краваји са јајима,
А онда одлази и губи у даљини.
Ракија и вино не пије се до дна,
Остане да се почасте -
Они који се сретну успут.
По обичају, понуда се не одбија,
Сматрало се то баксузлаком.
Жене се враћају кућама
Са сузама у очима.
Успут беру китке, крше гранчице
Расцветалих шљива и буковине,

Доносе их дома и ките капије.
Неке су брале вртипоп,
Са бусеном носиле кући,
Намениле мужу печалбару,
Посадиле, брижљиво неговале.
Пупољци и цвет су били знаци
Здравља и печаловине печалбара.
Кржљав и мали цвет,
Значио је лошу печалбу,
А ако су пупољци и цвет лепи,
То је знак добре печалбе,
Па тако у кући завлада радост.
Печалбар је отишао,
Њега код куће нема,
Остала је његова душа.
Осећај да је ту,
Да живи са њима.
Да је присутан свуда,
У постељи, одајама, њиви.

5.октобар 2008.године, Власотинце

* * *

„ДОБРА ТИ СРЕЋА“

Много се пазило у селу,
Ко ће да сретне печалбара,
Кад креће од куће.
Женско чељаде је непожељно.
Понекад се пресретање намештало.
Каже се неком дечаку,
Ређе девојчици -
Оним са пуном стовном (тестијом)
Воде са планинског кладенца,
Како би печалбарске кесе,
У печалбу биле пуне новца -
Кога породица воли -
Који се сматра батлијом -
Да се тобоже враћа кући.
Није свеједно шта се каже,
Када се сретне печалбар.
Није пожељно рећи му:
“Добра ти срећа“-
Мора да се каже: “Ако Бог да“.
Бог се мора поменути.
Често се печалбар враћао,
Све док га не пресретне,
Неко ко није баксуз,
Или ако се не назове Бог.
Тако су печалбари полазили,
Када су били пусти путеви,
А често се ишло и ноћу.

Када се одлазило у печалбу,
Печалбар је примао благослов:
„Ајд у здравје, добро да зарадиш,
Пуну торбу паре да донесеш".
На благослов печалбар одговара:
„Из твојих уста у Божје уши".
Жене које се враћају кући,
Ломиле су гранчице и треске (ивер),
Њима китиле кућу и благосиљале:
„Колко гранчица, толко иљадарки,
Да запечали паре ко треске".
Млађе су ломиле гране глога,
Трн качиле за одело,
Како би се муж „закачио" за жену,
Тако да буде веран - „да вој се врне".
Неке су веровале у моћ трна,
Па га мужу качиле на рукав:
„Нека се паре ватају за тебе,
Ко овија трн на рукав".

5.октобар 2008.године, Власотинце

* * *

ЗАБОРАВЉЕНА ТОРБА

Једне печалбарске године,
Када се спремало у печалбу,
Млада жена Марија из Јаковљева,
Мужу печалбару Илији Станковићу,
Пре но што ће поћи у печалбу,
Спремила нову торбу.
Метнула све што треба у њој,
Па окачила о клин у кући.
Били су млади-тек што су се узели,
Па тако заљубљени једно у друго,
Крену од куће занети разговором.
Тако се пошло - а на торбу заборавило.
Уместо растанка - на раскршћу код Дела,
Где се растају сви печалбари,
Све гледајући један другог, наставе пут -
Корак по корак отиду подаље.
Ишли тако полако, низ брда, уз брда
Преко поља, кроз шуме
Поред потока, кроз врбаке,
Па тако занети стигли чак у Власотинце.
Кад је дошло време растанка,
Илија, онако ожарен, приупита:
„Маријо, ма куде је торба?“
Марија, збуњена, постиђена,
Метне длан на младалачка уста,
Па стидљиво, кроз зубе, изговори:

„Ау, куку, Лиле, она остала дома,
Закачи гу да виси на клин“.
Како је у Илији било снаге и здравља,
Остави младу жену у Власотинце,
Па сеоским путем, стрмим и каљавим,
Одјури за Јаковљево.
И док удариш дланом о длан,
Врати се Илија са торбом.
Тако се, у планини,
Љубав и печалба допуњују.

7.октобар 2008. године, Власотинце

* * *

ОДЛАЗАК У ПЕЧАЛБУ

Код црнотравских печалбара,
Али и печалбара других крајева,
У једну годину два пута се одлазило:
Први пут - у пролеће,
Сутрадан по Великим (Ускршњим) покладама,
На „Чист понеделник“, или на дан „Луде среде“,
Два дана после Чистог понеделника,
А враћали се о Петровдану.
Поново су одлазили око Илиндена (Свети Илија),
А враћали се пред зиму, о Аранђеловдану,
Ређе о Светом Николи,
Да би зимовали код својих кућа.
Ако је неко одступио од овог,

Сматрало се да му нешто није у реду,
Или да га је захватио градски живот.
Они који се зими нису враћали кућама,
Имали су посебне називе: „озимкари“,
А други који су остајали преко лета,
Говорило се за њих да су „летовали“.
Многи обичаји се везују за одлазак печалбара.
У тренутку када печалбар закорачи
Преко прага своје куће,
Био је обичај да ту буде:
Вода, ватра и сечиво.
Симболично, прескочивши их,
Печалбар треба да их савлада.
Код излазних врата:
Стави се жар на лопатици,
Затим секира, па вода,
Или обрнутим редом.
При скоку сваки пут изговара:
„Прерипи огањ, не изгоре се,
Прерипи секиру, не посеко се,
Прерипи воду, не удави се“.
Печалбар, излазивши из куће,
При првом кораку,
Три пута се прекрсти,
За њим се „прсне“ вода:
„Да му све иде како она тече“.
Цео обичај чини мајка печалбара.
Остали укућани прате и слушају наређења:
Заметну печалбарске торбе,

Па их носе до места растанка.
У село Кална се носиле три торбе:
За алат, храну и покривку („премена“).
Када сви изађу из куће,
Врата су остајала отворена,
Да би се печалбар опет вратио.
А и да му свуда,
Где ишао, радио –буде „отворено“.
Тога дана се ништа није давало из куће,
Како печалбар не би био покраден.
Кућа се тога дана није мела,
Да се печалбар негде „не смете“.
У село Брод тих дана све оживи,
На дан поласка у „работу“
У печалбарску кућу долазе:
Родбина, комшије, пријатељи,
Стари људи, жене, деца,
Да печалбару пожеле срећан пут,
Добро здравље и берикетну годину:
-Да се „жив и здрав врне дома“.
Врвило је уским сеоским стазама,
Од људи са торбама на рамену,
Жене носиле погаче, тепсијарке са баницама,
Носиле флаше ракије, бардаке вина,
Заструге сира и друго у част печалбара.
Испред њих мужеви,
Иду пешке или јашу на коњима.
Кад се стигне у печалбарску кућу,
Расположени људи поседају за сто,

Па уз добро мезе се пила ракија,
Понајвише „грејана“,
Која им раздражи језик,
Тако да о свему причају.
Остарели, онемоћали печалбари,
Својим искуством упућују
Неку добронамерну реч и савет,
Да се добро прође у печалбу,
Да га свуда прати срећа.
Испраћај печалбара одвијао се весело.
Сви се некако разнеже, опусте,
Све обузме нека радост, милина,
Жена - домаћица тога дана припрема гозбу:
„Готови“ - кува боља јела,
Меси погачу и баницу.
После гозбе људи се рукују, љубе;
Свако моли за опроштај,
Ако је ко кога преко године увредио,
А жеља је да се све то заборави,
Да поново започну присни,
Добросуседски односи и родбинска љубав.
Тих раних пролећних дана,
Са висова Чемерника, Острозуба, Тумбе,
Кретале се дуге колоне печалбара,
Напуштајући огњишта-одлазећи „у свет“.
Родитељи, жене и деца испраћају печаловнике.
Млада жена, пуна жара и неизговорених речи,
Прати свога вољенога.
Онако кришом, да нико не види,

Хтела бих да са њим измени још један поглед,
Да му каже да ће га чекати, на њега мислити.
Све те сузе, уздаси, погледи нестајали би,
Пред тврдо суровим животом у планини,
Који траже да се заради хлеб,
И подиже подмладак.
Остао је запис жена печалбара:
"Кад се растанемо од мужеви"
-Каже Пелагија Милчић из Вељковаца,
„Пратимо их до Павлове Грмаде,
Дојдемо до један поголем грм,
Кога смо ми жене викале плачигрм,
Туј се зберемо око њега,
Па све заједно плачемо".
Потом Синије Јевремовић из Обрадоваца:
„Тугујемо за мужеви по недељу - две,
Па ни мине мука".
Таква ти је била мука печалбарска.

7.октобар 1978. године, Власотинце

* * *

ОЈ, ЖУТАНЕ, БЕЛ ГАЂАНЕ

Пред Младенци на пет дана,
Ђеремиџија се у печалбу спрема.
Мајмунка је узмрдала,
Кеса се је испразнила.
Ој, жутане, бел гаћане,
Њиве су ти неоране.
Драга моја, ти си млада,
Остављам те рано сада.
Драга моја, ори њиве,
Ја одлазим на даљине.
Мене тамо посао чека,
Биће мука све до века.
Децо моја, одо у туђине,
Жутан ће туј да промине,
Куде се збиру наши,
Печалбари и комендијаши.

Март 1978. године, село Крушевица

* * *

На слици: торбари-циглари из села Преданча, Власотинце половином 20. века. Благоје Младеновић (1920.г) секач-тезетар, Љубомир Илић (1938.г) калција и количар и Властимир Митић (1928.г) секач и простирач-тезетар спремају се да „прaje" цигле.

Фото запис из 1955. године на пољу неког села у Хрватској-Југославија.

* * *

ТОРБАРИ

Торба, торбица, торбата, мајмунка,
Напрајена од козину, кучину, вуну,
Изаткана на разбој, сашијена ручно,
За овчара, козара, говедара, печалбара.
У њу се носило сирење и леб рженица,
У њу се стављал мајсторски алат.
Сас њу су деца у планину ишла у школу,
Носила плајвез, свеску и књигу,
Сас њу се ишло у свет, у печалбу.
Од њу се неје одвајало у планини.
Носила се на рамо, носила се на коња,
Носила се кад се ишло у печалбу,
Носила се када се ишло у варош,
Носила се по вашари и по пијац.
По торби се познавало од куд си,
Какво пазариш и куде идеш.
По шарама, по изради и шијењу,
Препознавали се печалбари.
Куј је из које село у планину.
Сас тuj торбу су нас изранили,
Очували, оженили и задомаћинили,
Ишколовали и парче леба нам дали.
Тај торба: дунђерска, пинтерска, цигларска,
Куде нас буди сећање на лепотињу живота,
А и да се присетимо кроз какве смо муке,
По планину сви проодили да би опстали:
К'д су се торбе вукле по станице,

К'д се на њи спало по врбаци,
К'д су нас зазирали у печалбу.
К'д смо праили цигле по села,
А народ ни викао: „Еве циглари-торбари“,
Затој што смо ишли од село до село,
Праили цигле по њиве поред Мораву,
Спали по колибе на сламу,
Јели пасуљ посан, леб проју,
Кусали сирке сас зелене шљиве,
Трпали ствари у торбе и ишли даље,
Тамо куде се налети да прáје цигле.
Често су нам викали:
"Еве ги овија торбари, што спију по њиве".
А било ни је од две врсте:
Једне су викали: „жутани“ -
Онија од побрђа и планине,
Који су увек били исцрпени, смрчени, ћутљиви -
Пожутели од тешку работу.
Жути ко „женка у градину“.
Други циглари - торбари су „јечмари“,
Затој што су увек дом доодили,
К'д је била жетва на јеч'м.
Остављу цигарску работу к'д узри јеч'м,
Одлазе дома да збиру летину,
Па затој су били по мекишари.
Д´нске нема више циглара-торбара,
Само су остала сећања на торбе и торбаре.
 7.октобар 1978. године, Власотинце
* * *

26

ПЕЧАЛОВИНА

„Печал“-„печалба“, туга, тешка мука,
Печаловник-зарада малечка, да се преживи,
Што лети испечали, тој зими почука.
Такој се живело од д'нске до јутре.
Печаловник не знаје к'д је д'н,
За њега несу имали празници.
Тој ти је бил роб над робови.
Пролети се одлазило у зараду-печаловину,
Да се у далечину узне нека пара,
Да се породица прерани, да се остане жив.
Печаловник-печалбар, сезонски радник.
Печаловина-зарада у печалбу печалбара:
Дунђера, зидара, пинтера, циглара.
Каква је била печаловина, такој се живело:
Ако је зарада била, онда је арно.
Ако се мало заради, онда лоша зима,
Нема стока кво да једе - па немаштина,
А печаловник само попљуцкује,
Па и за лулу дувана - а нема куд.
Све по кућу је невесело, голем стра',
Какој ће се зима прекара до пролет.
Нема поголем стра' од сиротиње.
Ако је печаловник добро запечалио,
Посигуран је и ко муж.
Више га поштују у кућу:
Жена, деца, родитељи.

Деца су сва радосна и срећна,
Што ће им башта нешто купи.
А жена се радује међу друшке,
Па се 'вали на мужа по вашари.
Искача се на вашар у весело друство,
Да се мало провесели, поигра у коло,
А привата се побратимство на свадбе.
Па се такој живи пун живот,
Какој доликује печалбару у планину,
К'д је печаловина-зарада била добра.
А ако је била слаба печаловина,
Онда је по кућу увек лом-свађа,
Дође и до растур, па се пијанчи,
А некада се то претвара у тепање.
Остало је много лепих обичаја,
С почетка двадесетог века,
„Брдских" и „равничарских" циглара,
Села Преданча и Прилепца.
К'д се одсече калупом прва цигла,
Она се простре на плац, па се закити,
Онда на њу циглари врљу паре.
Прво врља газда циглане.
Ако то не учини он-онда мајстор тезетар.
За ту пару печалбари купују ракију,
Да се за срећан почетак почасте.
Тезетар стоји између газде и циглара,
Али и између циглара и њихових породица.
Када се тезетар враћао-укућани циглара:
Праћали су печалбарима аманет-поздрав.

То обично: јабука, крушака, погача ....
При завршетку рада-око Крстовдан
(27.септембар),
Између циглара и предузимача циглара,
Вршио се обрачун зараде-печаловине.
Печаловина се славила на крају, на „гувну".
Тако дан, два на платоу-где се „секла" цигла,
Вршио се посебан цигларски обичај.
На тезги или обали-направи се:
Стуб блата, висок метар – два,
Потом се бере пољско цвеће,
Уплете се, па се обмота стуб,
А на врху натакне леп венац -
Све то је значило круну печаловине.
Около стуба би се играло, певало,
А све то зачинило љутом ракијом.
Предузимач (мајстор), на сам Крстовдан,
Берићетну печаловину слави са цигларима.
Купује овна, па га пече и спрема ручак.
Исплаћује се зарада-печаловина,
Онда иде кући.
Полугодишња зарада исплаћивала се за
Петровдан,
А крајња печаловина на Крстовдан.
Када се долазило својим кућама из печалбе:
Увече на совру-столу, бројала се печаловина,
Где се веселило - пило и певало у породицама.
Радовала се деца поред својих очева,
Што ће им се купе пиротски опанци.

А и на вашарима се трошила печаловина.
Куповале потребштине за кућу-да се презими.
Нису изостајала и весеља уз музику и пиће,
Негде у неком венику-шатору.
Да се мало провесели, окрепи душа.
8.октобар 1978. године, Власотинце

* * *

Фото запис:Вашар на Чобанац (с.Бистрица-Црна Трава) 2.август 1955.године, :- песмопојка Мара-Марица (1925.г.) и Благоје Младеновић(1920.г.) печалбар; оба учесници НОБ-е у Другом светском рату...

Жена печалбара

Жена печалбара, половином двадесетог века.
На слици: у средини, аутор Мирослав Младеновић
(1948.) са другом Миодрагом-Мицом Андрејевић (1946.)
и својом мајком Марицом-Маром Младеновић (1920.)
из села Преданча, Власотинце.
Фото запис фотографа Мирковића са вашара
„Светилија" на Чобанцу, 2. августа 1956. године

ИСПОВЕСТИ ЖЕНЕ ПЕЧАЛБАРА

ПАВА АНДРЕЈЕВИЋ из махале Манџине-Власина:
„Кад у неко доба ноћу прилегнем у кревет,
Душу да данем,
Само што заспим, ете гу зора,
И одма се дизам-работа чека“.

*

ЈАНА ВОЈИНОВИЋ из Златанаца:
„Све сам кућевне работе свршавала сама:
Жњем, косим, дрва берем, косу ковем,
Терам камен за кућу, њиве орем-и патим од немаштине.
Кад дојде време косидбе, сабајле се дизам из кревет,
На брзину посвршавам кућевне работе,
Па узимам косу, седам испод кућу-и ковем.
После спраим острило, напуним бокал сас блажено млеко,
Турим киселе поприке у зевњану паницу,
Исна, лето је па се веће здувале,
Напуним једно шише сас ракију,
Закачим чантру за тканицу и пуштим гу низ кук-за острило,
Наметнем косу на рамо,
Па пут под ноге-хајд на ливаду.
И такој до пладне.

Таг дојдем дома и намирим деца, а родила сам шес,
И брзо се врћам да косим".
*

ПЕЛАГИЈА МИЛЧИЋ из Вељковаца:
„Кад ми се утупи коса, нема који да гу накове,
А ја не умејем, таг станем па плачем.
Несам глупава, али писмо несам знала -
Не умејем да писујем.
Док ми деца не пристигоше,
Други ми је писма читал и писувал".
*

ДРАГА ПОПОВИЋ из Доброг Поља:
„Родила сам се у Базов Дол, 1892.године".
Када је навршила 19 година, родитељи је удали
За Владимира Поповића у Добро Поље (1911).
Изродила је седморо деце, али су нека рано умрла.
Кћер Љубинка умрла од глади,
Свекар јој је Сима, био народни посланик,
Али од тога није имала вајде,
Иако је тада био цењен човек.
Док смо седели у сенци разбокореног багрема,
На старој, сатрулелој клупи,
Једног тренутка задиже вуту и кошуљу и рече:
„Погледај, синко, тој је секира направила".
Баба Драга је хрома.
У младим годинама, у најлепшем женском добу,

Отишла у гору да „бере" дрва-
Мушких глава није било,
Невешто замахнула секиром, ударила по нози и онеспособила се.
Широка бразда испод колена стоји као ожиљак младости.
Рану је излечила, али је остала хрома.
*

ЉУБИКА ЈЕВРЕМОВИЋ из Обрадовца:
Кад наврши 18 година родитељи је удали за Влајка Јевремовића,
Сина Аргаћијиног из Обрадовца.
Када се сети тога времена „грозница је тресе".
Само што се удала, младожења Влајко оде у печалбу.
Само неколико дана била са њим у браку.
Млада, жељна живота-уместо осећаја мириса младости,
А оно притегла „работа", па навалио терет.
Из уста старице као експлозија-зачуше се речи:
„Цркни, душо, кад си се родила-само да патиш и да се мучиш.
Нека пусто остане тој проклето печалбарско време,
Споменуло се - не врнуло се.
Голема је мука кад се у жену младос пробуди,
Па вој се, силом, одма узне".
Влајко је печаловину давао свом оцу Аргаћину.

-Влајко ни писма мене не писује, но на свекра.
А свекар кад писмо прочита, викне па ми рекне:
,Поздравља Влајко'.
- А ја рекнем: ,Па вала му' - а уз мене си мислим:
,Што ће ми такав поздрав, ја Влајка оћу.'
- Свекар се завалија разболе, човек иначе стар,
Године га притисле, леже у кревет и виш´ се неје
ни дизал.
Кад ће веће да се прекара, викну ме па ми рече:
,Снајо, од саг си ти домаћин, ја сам млого болан.
Бржо ћу да умрем, еве ти овеј паре што остадоше:
Од куповину, купи једно свињче и још мало
царевицу.'
- И завалија бржо се прекара.
После свекрвове смрти, она је преузела кућевне
послове.
Муж је мало водио рачуна о кући:
Није ни могао, јер је мало времена преко године
Када се може да буде поред жене, поред породице.
Тек око Петровдана дође, покоси оно мало ливада-
и опет оде.
Преко зиме седи нешто дуже време - и отиде.
- И такој, уместо да наш брачни живот тече,
Уз заједничку совру и кревет,
Па да се такој здушујемо,
Ми смо печалбарске жене самовале.
- Питујеш ме како сам испраћала ча-Влајка у
работу.
Како? ...Сас слзе.

Због велике смртности и потребе у радној снази,
У планини се рађала много деце-па су говорили:
„Да има и за нас и за Бога“.
Рађала се деца и умирала, и мајка их сахрањивала.
„А да неје могла сас мужа да подели тугу.
Муж негде долеко, често неје ни знал да је некоје
дете умрло.
Тек кад дојде дома, таг види да деца несу сва на
број“.
- Време у које сам живела, разликовало се је од
данашњо:
Сад жена роди једно ел две, па малакше.
Викају чим затрудни, одма побацује и упропасти
се,
И неје више ни за кућу, ни за пољске работе.
А онда се неје гледало на тој:
Жена рађа, докле може и дотле гу снага држи,
Рађа, деца дооду на свет и мру.
Остане понекоје, изђика како младика у гору.
И мајка га пушти у свет у печалбу,
Такво још малечко, слабашно,
Да му туђина знае детињство и младос:
Леле, мајко, нека пуста остане тај проклета
печалба.

*

АНА МОМЧИЛОВИЋ из Горње Козарнице:
„Питујеш ме какав ми је бил живот?
Какав-никакав.

Никад да станем, никад сас душу да данем,

Куде се обрнем и које да започнем,

Свуд ме работа чека.

Радост несам имала.

Још од детињство пратил ме стра́ од глад и немаштину.

Родила сам се у породицу куде се много деца рађала, а леб малко.

Моја мати и башта Коста, ел Која-како су га комшије викали,

Родили су девет деца: шес сина и три ћерке".

Као дете, девојчица од седам година, чувала другима стоку,

Уз малу награду за родитеље-другима радила у току лета.

То слугарење звали су: „уцењување", а њу:

„Момкиња", „слушкиња"

„Слугување се неје плаћало сас паре,

Паре су малко даване,

Млого је више давано жито, аљине, вуна, опанци.

Аљину сам носила газдину: даду ми старудије,

Изношене неке рите.

И ја, обучем, носим, вучем.

Кад дојдем мајки дома на пресвлаку, онакој дроњава,

Она прво отплаче моју муку, па седа и крпи, пере,

Преправља, крати дроњке.

Радела је преко ноћ, а ја сам за тој време спала,

Јер сам се јутре сабајле морала да врнем газди,
Куде нема одмор“.
*

ИЛИЋ БОЖУРА из Градске:
Кад се удала чувала стоку и децу, а муж јој „отиде
у работу“.
„Па си такој останем сама са децу.“
Муж, ни кад се врати из печалбе, није се свртао
дома.
Ни тада није седео код куће:
Дохватио је кларинет и са својом бандом-
музичком дружином,
Лутао около по свадбама, гозбама, славама-
највише по саборима.
Јело је припремала ноћу:
Кревет је мало кад изјутра спремала,
Извлачила се испод черге и журила на посао.
Прво је музла краву, „а онда-е онда! Пусто ли
остало“.
„Кад помузем овце и краву, таг децам остављам
леб,
Малко сирење и воду, заклопим ги у собу
- и отидем.
Најмалечко турим у лелејку, наметнем на рамо,
Па сас моја и туђа говеда која сам чувала под ак,
Штукнем, еј, негде у планину.
По цел дан сам трчала по стоку и дете на грбину
носила.

Кад се негде пред заод сланца врнем дома,

У собу сам затицала све растурено:

Понеко дете полагачке плаче, стење,

Нека заспала испод кревет,

А нека се тромо играју.

Родила сам дванаес,

Преко зиме гонила крупну стоку негде у планину,

Обарала букова стабла да би стока брстила.

Такој беше"-рече баба Божура и дубоко уздахну.

*

РАДА СТАНКОВИЋ из села Орашја (код Власотинца):

„Све сам у кућу сама работила:

Орем, копам, садим расад, прскам лозје и све друго.

Имање смо малко имали:

Њиве око 90 ара и на њи смо садили кукуруз и малко пченицу.

Виноград смо имали око 8 ара.

Зевња малко и не може да се намири све што треба за кућу".

Због сиромаштва, одлазила је да у надницу ради у поље,

А често узимала земљу да ради наполице.

Кад год је некоме кренула да ради-увек је водила своју децу:

Најмање је стављала у љуљашку, па на леђа.

Наполице је радила код:

Уроша Јањића десет година, Трајка Куцуле, Томе Ибраимова,

Код Драге Раденкове, Коне Пејчиновог, Петра Јовкиног и других.

Породица се је слабо хранила-слаба зарада и на туђим њивама.

„Додија ми работа на туђа имања,

Па једну годину реши се да чувам свињче,

Оћу да гаураним:

Берем коприве, збирам сплачину, варим лисје од лозје,

Трудим се да га угојим, оћу да га угојим.

Продадосмо га, јел паре требу.

Од теј паре купи кило маст,

И сас тој сам блажила децу целу годину.

Ткала сам ноћу, на гасарче:

Ја ткајем, а деца седу куде мене и сучу цевке.

Ако не ткајем, предем вуну, ел нешто друго работим“.

Песнички запис настао 9. октобра 2008. године, у Власотинцу, на основу казивања из књиге Печалбарство и неимарство црнотравског краја- Симона Симоновића - Монка, Црна Трава, 1983. године и из рукописа Народне умотворевине из власотиначкога краја - Горње Повласиње - Мирослава Б. Младеновића Мирца, Власотинце, јун 2007. године.
*

Црнотравски мајстори-зидари печалбари у послу на изградњи једног грађевинског објекта средином 20. века у Београду...

*

ПЕЧАЛБАРСКА ПИСМА

Факсимил писања писма печалбарског писма
моје мајке Марице (Маре) Младеновиић (1925.г)
оцу печалбару из с. Преданча (Г.Дејан)
општина Власотинце......

*

Мајке, куде ме посла у туђ свет.
Колко тешка цигларска работа,
Толко још гори крвопија мајстор.
Тепа сас прут кад не стигнем

Да на време прострем цигле.
Спимо ко стоке у колибе.
На земљу слама,
Испод њу турамо наши пандиљи.
Покривамо се сас кожуци
Које нам дају овчари,
Када се залади и падне киша.
Рана никаква.
Само проја леб и некад нам дају пасуљ,
Куде сас кашику по тањир зрна брзиш.
Газде Бугари,
Неки баксузни људи -
Ко и мајстор.
Цел д'н се ради.
Устанемо кад свањује,
А легнемо по мрак, онда кад се све цигле здену
И напрајиместо за сечење за други д'н.
Мајке, не знам куде се наодим,
Не знам к'д спим, а к'д сам будан,
Јер сам сваки д'н ко на онај свет-у бунило.
Помагај, мајке, да се денем негде одавде.
Не могу да издржим терет.
Снага нејака, а терет за стари.
Не могу ни да легнем ни да се дигнем,
Снага ми је болна-све ми сломено.
Руке подбунуле, рапаве од жуљеви,
Очи само на мене,
Толко сам се исушил да не можеш да ме познајеш.

А да простиш, ни понапоље не могу да идем како човек.

Клечим на ноге,

Јер не могу да чучнем од болови и од премор.

Не знам дал ћу да све издржим.

Пуста нек остане печаловина,

Кyj гу измисли-да се мучимо,

Да си само дома дојдем

И да никуд не идем од овце и наше село.

Бре, Рајко, дооди дом,

Оче да ли да дојдеш ел нечеш,

Стално ни оку по комшилук:

„Да си добра, муж би ти дошал на Трновку“.

Деца се само мају, ич ме не слушу.

Работим колко могу.

Рајко, ја ти се надам да дојдеш,

Овој неје неки живот,

Ти тамо, ја овамо,

И све ни пројде живот у работу на две стране.

Ич не слушам комшије,

Ти знаш да те поштујем.

Малко сам загорела,

Дојди малко пре Трновицу.

Че ти се израдујемо и ја и деца.

Еве ти абер по мајстора,

А писмото ћу ставим у куфер,

Затворен да ги нико не читује.

# #

Еве, бијемо ли бијемо уз мешалицу.
Прајимо малтер, та боли.
Мајстор задовољан,
А и газда ни добро рани.
Неје тешка работа ко у циглари,
Ко што си га ти најебувал.
Овде може да се мало и забушује,
Вата кривина.
Нема да те јури машина за цигле.
Чул сам од мајстора
Да си још дома због косидбу,
А сигурно ћеш да будеш и за вашар.
Мене мајстор не пушта,
Мора да се заврши малтерисање
Па зато, Бајо, нешто убоди и за мене,
Појури ги по букову шуму,
Док будеш на Чобанац.
Ватај ги и целивке им давај место мене.
Тај дан за Светилију ћу се добро натрескам,
Овде пред селску продавницу,
Туј куде се збирамо сви зидари и циглари из крај.
Мало ми је потешко што морам,
Некад у руке, да носим на спратове кофе сас
малтер,
Ал кад се зида наносим им све што им треба:
Малтер, цигле, дачице, шпрајцеви,
Па се онда с њи зајебавам.
Има и шерети-зајебанти,

Неки се зајебавају и сас газдарицу.
Када се заврши са малтерисање,
Треба да идемо да туримо на једну кућу кров,
Туј ће падне и дар.
Помало и вискам-турам цигле и малтер,
А забацујем и малтер сас малтерку.
Нека се и приучим нешто од зидарије.
Знам и да радим сас арматуру:
Савијам гвожђе, шалујем, пуним серклажи и стубови.
Често ме мајстори зајебавају:
"Учо, немој, бре, ће ни преузнеш занат,
Кад завршиш школу неће има кују да учи децу."
А ја кажем-Бре мајстори, злу не требало, занат си је занат.
Бар ће ми треба кад некада купим плац:
У град, да праим си кућу.
Бајо, ајд ми у здравље.
Уколико те пут нанесе у наш правац,
Да и ти дојдеш негде у близину сас зидари или циглари,
Сврни да се извидимо и испричамо
Шта си све доживео на Светилију,
И какој је било на сабор.
Добро-ако не,
Онда кад почне школска година,
Ће се испричамо на танане.
Ајд збогом, Бајо, до сусрета у јесен.
Твој нераздвојни друг, БАЈА ШКОЛАРАЦ.

# #

Мој муже, чула сам од мајстора,
А и од комшије, да млого пијеш.
Да се ноћу мајеш по женске
И певаљке гледаш цел ноћ.
Мислиш ли ти сас мене кућу да кућиш,
Децу да изранимо и да ги ичколујемо.
Како те неје срам од овај чељад
Што ко голиштава пилитија у гњездо
Само пружају главицу
И траже да се ране и чувају.
Марен те утепал, гром те утепал,
Ако ми такој работиш и даље
Све ћу да кажем на твоји дома,
Ил се мењај и престај да цевчиш
И да се мајеш по кафане и јуриш певаљке.
Ће те буде срам кад сви печаловници дојду дома
И кад се за Крстовдан купује,
А ти ће попљуцкујеш целу зиму за дуван.
Мислиш ли ти шта ће да једу деца,
С кво ће ги обучемо да иду у чколу.
Мислиш ли ти да сам ти ја жена,
Женке те утепале.
Ће те пита зима куде ти је било лето.
Муже, у памет се узни док још неје касно.
Повучи се, слушај мајстора
И немој више да трошиш паре.
Нек стоју код мајстора па ги узни на крај,
К'д се заврши работа.

Буди нам у здравје
И малко се сети да дома имаш жену и децу.

                    #

Море дооди дом не дошал га
Сви дојдоше тебе нема
Куде ћу јадна сама
Све се на мене свалило
Ујутру кад се дигнем
Не знам куде пре да се окренем
Да ли да идем на копање
Да ли да жњем да ли да косим и денем сено
Да ли да пуштам стоку на пашу
Овце блају говеда рику
Свиње скучу кокошке креку
Деца плачу дође ми
Да ватим свет да ме нигде нема
Дооди дом одма не поишал га дабогда
Немам с кога да пооратим
С кога да се договорим
Како да ми д'н пројде
А ноћ ми је дугачка
Никако ме не вата с'н
Све моје друшке
Иду с другари под руку на вашари
А ја сама ко кукавица
Не знам у памет си обртам
Можда си и другу нашал
Нећу да будем мученица

И ја сам човечје створење
Да ме виде по вашари и по село
Да и ја имам мужа
Ко све жене по село
Твоја мученица
Дојди одмак никад не дошал
Твоја печалба ме живу изеде
Да млада венем и трулејем
Ко женка и босиљак у градину
Коју никој нема да откине
Ни кој да гу померише.

Из рукописа ПЕЧАЛБАРСКА ПИСМА - аутор: Мирослав Б.Младеновић Мирац, децембар 2007.године, Власотинце

#

ПИСМО СИНА МАЈКИ

Здраво живо мајко,
К'д ми први пут донесоше велигденски колач за
прво појдовање у печалбу, нес'м ни знал какој је
тај печалба била мучна работа.
Ондак к'д се сместимо у дрвени кревети, к'д смо
појели оној што смо понели и к'д с'м почел да
работим, одма с'м осетил кво је тешка мука и
пуста печалба.
Тој била тешка работа која једе снагу и носи
људски живот. Неје л'ко да се работи од излазак
до залазак сл'нца, ал' с'м решил да издржим све
печалбарске муке, какој би зарадел паре и
наставил школу.
Млого је тој била тешка је тој работа за мене.
Увече од умор ни да вечерам. Руке су ми све у
жуљеви па ги држим на груди, л'кше ми је такој
да се успим.
'Рана је млого лоша. Ујутро само млеко и 'леба па
једва чекам к'д ће куварица да причука на железо-
да не вика за обед.
Цел д'н све једно исто једемо, пусти гра. Бре ће ни
никне у мешину.
Понек'д идемо ноћу па краднемо петлижани
покрај реку Јасеницу у Наталинци у Шумадију.
Малко да будне боља 'рана. Ел' само сас гра се
немож издржи тешка работа.

Мајко, добро с'м те послушал. Све паре ушивам ги у кошуљу и у кратке гаће. Срамота ме је к'д недељом излазим у село, идем на утакмицу и у продавницу, онакој у пиротски опанци гумењаци сас поцепане панталоне.

На циглану су ми обећали (она припада под задругу а директор је Јанковић-наш црнотравац), да ће ми даду стипендију за пољопривредну школу. Ега такој и буде, да и у нашу кућу дојде 'емпут нека срећа..

Поздрави ми сеје, а поздрављам и тебе и све који питују за мене.

(Напомена:-Ово печалбарско писмо је написао сам аутор:Мирослав Б.Младеновић Мирац 1963.године као печалбар-четрнаестогодишњак са циглане из Наталинаца-Тополе шумадинске; својој мајки Марици у родно планинско село Г.Дејан (махала Преданча) општина Власотинце)

*

Печалбарска писма из власотиначког краја - Порекло - Poreklo

www.poreklo.rs/2012/.../**pečalbarska**-**pisma**-iz-vlasotinačkog-kraja/

Кеширано

Слично

7 сеп 2012 ... Портал Порекло објављује **ПЕЧАЛБАРСКА ПИСМА** ИЗ ... песама и прича на дијалекту југа Србије **Мирослав** Б. **Младеновић** Мирац.

http://www.poreklo.rs/2012/09/17/pe%C4%8Dalbarska-pisma-iz-vlasotina%C4%8Dkog-kraja/

Портал Порекло објављује ПЕЧАЛБАРСКА ПИСМА ИЗ ВЛАСОТИНАЧКОГА КРАЈА-ПОВЛАСИЊЕ, која је прикупио и обрадио локални етнолог и писац песама и прича на дијалекту југа Србије Мирослав Б. Младеновић Мирац
*

ПЕЧАЛБАРСКА ПИСМА Море доооди дом... - **Miroslav Mladenovic**

https://www.facebook.com/permalink.php?story_fbid=43858 1106077...

ПЕЧАЛБАРСКА ПИСМА Море доооди дом недошал га Сви дојдоше тебе нема Куде ћу јадна сама Све се на мене свалило Ујутру кад се дигнем Не ...

*

zapisi 25

bibliografije.nb.rs/bibliografija/cip/CM20145/zapisi25.html
Кеширано
Слично
Печалбарска писма / Мирослав Младеновић Мирац. - Београд : Граматик, 2014 (Београд ... Речник локализама и архаизама : (Печалбарска писма): стр.
http://bibliografije.nb.rs/bibliografija/cip/CM20145/zapisi25.html

*

Лектор је занат, лепо је знат! | Језикофил

jezikofil.rs/lektor-je-zanat-lepo-je-znat/
Кеширано
31 јул 2015 ... **Miroslav B Mladenovic Mirac** локални етнолог, етнограф и локални писац .... и публикацију (на дијалекту) ПЕЧАЛБАРСКА ПИСМА(2014.r)-све о ...
http://jezikofil.rs/lektor-je-zanat-lepo-je-znat/
*

Poezija na dijalektu "južnjaka"-Zavičajne pesme PE - MyCity

www.mycity.rs/.../Poezija-na-dijalektu-juznjaka-Zavicajne-pesme-PECALOVINA.html

Кеширано Слично

16 мар 2010 ... Мирослав Б Младеновић Мирац .... Тако су печалбари полазили, ... Из рукописа **ПЕЧАЛБАРСКА ПИСМА**(**Мирослав Младеновић**)

http://www.mycity.rs/Poezija/Poezija-na-dijalektu-juznjaka-Zavicajne-pesme-PECALOVINA.html

* * *

ШЕШКИ ЖИВОТ

Еј, бре, комшике Пејке,
Кво, бре, да работим-
К'д св'не мен' се ст'мни,
Не знам куде море пре ћу.
Дал' по росу до градину,
Да гу посипем од сушу,
Ел да однем на жетву.
Откоси такој стоју несабрани
У покошену ливаду.
'Леб нестал, треба нам р'женица
Да се ожње, оврше сас краве,
Гумно неочистено од ошљаци,
Вреће се ицепиле - незакрпене,
Говеда непоткована за увра,
Дрвена кола се расточила,
Нема ни катран за подмаз.
Комшике, кyj да прекара жито,
Ел до гумно, ел у воденицу.
Куку, леле, пусто остало,
Ће знаје моја грбина,

55

Да из Бучје и Подваду,
Сас грбину, на бремена,
Сено и рженицу пренесем.
Сама ко сиња кукавица,
Стог да зденем, вра да оврем.
Сас врећу овршену,
Р'ж у воденицу да однесем.
Онај мој завалија,
Отк'д отиш'л у печалбу-
Још к'д беше југовина,
Нит га има нит писује.
Сигурно му неје арно.
Нема работа нигде,
Ни у циглари ни зидари.
Мају се ко заулави
Да најду нешто до Пејчинд'н,
Нешто туре у новчаник,
Да се има вајде од печаловину.
Ел како ће зиму да прекарамо,
Треба шићер, гас, сол,
Треба деци нешто у уста,
Нека пристигла за чколу,
А треба им и облекло.
А још и теј писаљке,
Па неке књижурине.
Ете, комшике,
Све што човеку не пројде кроз памет
К'д се ујутру дигне,
Да к'д пус' д'н св'не

Да се нешто опрајим
На нашу тешку работу.
А и овај година гадна,
Ништа неје понело у поље,
Град све учукал,
Мука да те једе цел д'н,
Од туј бригу и секирацију.
Такој си мислим и за њега,
Мојег ћиримиџију, тамо у свет,
Дал' ће нешто да испечали.
Да не буде ко лане,
Ни за воду несу му дали.
Там мука, овам мука,
Море, куде да се денем,
Горе високо - доле дл'боко,
Тој ли ти је неки живот.
Такој ни иду д'ни,
А ми копнејемо ко женке,
Непосипане у градине.
Па си такој св'ки д'н,
Комшике, мори мислим:
Овој ли ти је нека вајда.
Обрн' се, окрен' се,
Живот ни пројде у ништа!
Е, моја комшике Пејке,
Тој ти је шешки живот.

11. јул 2007. године, Власотинце

*

Жена печалбара са сином и мајком уз совру са троношкама обедује после тешког рада у пољу.

Фото запис Мирослава Б. Младеновића Мирца из 1975. године.

* * *

КРУНА

У време владавине царева и краљева,
Свуда по свету, па и код нас,
Деци су давана имена по њима,
Или по њиховим симболима.
Тако су се често звала:
Милица, Лазар, Душан, Круна.
Крсно име по српској круни,
Добила је и моја стрина Круна.
Родом из села Равна Гора,
На сат ипо хода од нашег,
Кроз планинску шуму,
Коју само потоци прекидају.
Два планинска села по нечему-различита:
Све девојке из Рамне Горе, у старо време,
Удавале се у село Преданча.
Казују да су момци печалбари:
Црвени и убави, а и посебни.
Круна се удала, на сред прошлог века,
За мог стрица, Славка печалбара.
Кажу да сам био на свадби „на коњче":
Млада снајка ме „уштинула",
Па ми поклонила везане чарапе,
Како би, по веровању, имала
У породу све мушку децу,
Јер у планину су она била одмена-
Да се изпечали и прерани породица,
Онако хромом на обе стране, увек веселом,

У народној ношњи са стрином,
Често су ми куповали бонбоне,
Нарочито на Светилију-Чобанцу,
Што је у сиромаштву то изузетак,
Када се неко много воли.
Волели су ме сви у фамилији,
И у оца и у мајке:
Као прво мушко чељаде:
Та љубав је остала до данас.
У суровости тежачког живота,
Стрина изроди два мушка детета.
Радовало се очевој и мајчиној одмени,
Али стриц Славко у пусту печалбу,
Тамо негде спавајући по врбацима,
По бетону, у Војводини: Сомбору и Гакову,
У својој тридесетој години доби евтику.
Напрсасно се разболе и умре.
Сви смо патили, а посебно деца,
А мој башта кад попије,
Увек је плакао за стрицем,
Био му је као отац у пусту печалбу.
Осећао се кривим што га није заштитио,
Да не добије тада неизлечиву турбекулозу.
Два мала незаштићена сокола,
Остали су сами у гнезду планинске гудуре.
Стрина Круна, није се више удавала,
Остала је верна својој деци,
Да их очува, да им да крила,
Да полете сама из планинског гнезда,

Да се вину као орлови у висине.
Некада и није бирала средства,
Да се дође до хлеба и да се преживи.
Често, у суровости патријахата,
Није имала разумевање да је жена,
И да има право да осети своју природу,
Па се бранила и на овај начин:
„Е, моја децо, да несам свашта радела,
Не би вас преранила и ишколовала.
Нико неје тел да нам помогне,
Јер и да се тело, од сиротиње,
Не се ни од кога у фамилију могло.
Све гоља до гоље, па се неје знало
Кој ће кога да облачи и рани“.
Носила стрина Круна до Власотинце,
У крошњу, дрва свом сину у школу,
А покривала је од срам сас пешкир,
Да се не види гола сиротиња,
Да се деца не понизе.
Пешачила четрдесет километара,
Да утопли гнездо соколово,
У жељи да помогне деци,
Да се ишколују и добију крила,
Да се полети и одлети у свет,
Стрина Круна је остала доследна
Свом „равногорском“ говору -
Никада неје прихватила „преданчарски“ -
Уместо „лисица“ каже „ласица“,
Уместо „лопов“ – „лапов“,

Што је одлика говора једино,
Равногораца и Лопушњана.
И данас, у осамдесетој години живота,
И даље живи сама у планини,
А увек нађе време за себе,
Да се нацрвене уста, уреди,
Да се буде и у старости леп,
Да се живи пун живот у планини.
12. октобар 2008.године, Власотинце

Фото запис 2. август 1951.године, Чобанац(Светилија-вашар):- Печалбарска успомена са вашара с лева на десно у народним ношњама из села Преданча и Равне Горе-Круна (девојачко Величковић, с. Равна Гора, 1928.г.) удата Младеновић, Славко Младеновић (1930. с. Преданча-Г.Дејан), Стрина Љубица(девојачко Петровић, 1934.с. Преданча) и Стојана Младеновић (1940.г. с. Преданча)

* * *
ШТО МЕ ПРЕВАРИ

Мори Марице, жено моја,
Што остави малу децу,
Затвори стоку гладну,
Па отидне на вашар с њега
На Чобанац, у планину нашу.
Док у печалбу црнчим,
Ти си срам немаш.
Сас њега у коло сте играли,
Под веник мерак чинили.
Мори Марице, жено моја,
С'г доојдоше отуд комшије,
Па ми све то редом испричаше,
Јадном, црном од сл'нце у печалбу.
Зар се такој муж поштује,
Да му жена по вашари,
Сас којега 'оће вашарује,
А још дома гладну децу,
Саму ко сирочићчи оставује.
Зар те мори, Марице, неје срам,
Ел од децу и сву нашу родбину,
Дал се такој ћиримиџија поштује.
Што ме такој, Марице, превари,
Да ми се смеју печалбари.
Што од мене направи будалу,
Што ринта и црнчи цел живот,
За онуј сиротињску пару.
Што се дејани по туђ свет,

Да ни деца више не гладују,
Да не иду сас стоку боса и гола,
Да нам кућа буде увек пуна.

15. јул 2008. године, Власотинце

* * *

ПИСМО ВОЈНИКУ

Здраво живо, сине,
Еве реко да ти писујем писмо.
Више неје тој време
К'д се писмо чекало
Ко' печен 'леб.
Д'нске свак'
Има мобилни телефон -
А, еве, и твоја матер
Га ставила на кук.
А нек'д га чувам
И у чарапу сас подвешке -
Да га не истровим,
К'д вртам овце.
Св'ки ч'с чекам
К'д ће да ми зврцне,
Да ми се јавиш сине,
На мобилни из војску.
Мајка, ко свака мајка,
Брине се д'л си научил
На војнички живот.

64

Е к'д се само сетим
Кво је казувал твој татко,
Куј је с'г негде у печалбу:
-Војска си је војска,
Туј нема лабаво:
Устанује се ноћу,
Д'њу се мало одмара,
На време се лега -
Нема да се скита и ленствује,
И дооди из мајачину ујутру,
А да се д'њу спи,
К'д сви работе по село.
Знам да ти неје л'ко,
Ал си слушај старешине,
Тија десетари и капетани.
Нема више куј ноћу,
Да те покрива, синко,
Узни па се учи да се покриваш,
Ноћу да не зебнеш,
К'д је млого 'ладно.
Е, мој мили сине,
И мене неје ов'м л'ко,
Да самујем у планину,
Ко сиња кукавица.
Косим, обртам сено,
Збирам и денем стогови,
Жњем и вршем,
А и чувам стоку.
Некако, овија мобилни

Млого ми је аран.
Постал ми другар,
Па си с њег' оратим,
Такој да несам сама.
Нек'д ме твој татко,
На мобилни викне,
Тамо негде из печалбу.
Св'ки д'н си чекам,
И ти да ме зивнеш из војску.
Викни ме, синко,
Нек зврцне и мене,
Једанпут на твоју мајку,
Да ми се комшије не смеју:
Да те твој син заврљил,
Па ти се ич не јавља.
Татко к'д је бил у војску у Загреб,
Причал ми какој у строј,
Сви чекали за писмо,
-К'д ће се чита пошта,
Тој су му били најрадосни д'нови.
Какој су трнели и тресли се,
Д'л ће да се добије писмо,
Од дома ил од девојку.
Било је млого радосно,
К'д се из строј узимало
И радосно читало писмо.
Твоја мајка му, к'о девојка,
Писала у војску,
А татко ги целивал.

Турал ги под јест'к,
Да од милину сас њи спи.
К'д с'м од татка,
Из војску примала писма,
Турала сам ги у пазук,
Па такој сас њи жњем,
Ел' копам и целивујем ги,
А сас њи с'м и спала.
Татко к'д је добивал моју слику,
Сас њу је иш'л на стражу,
Писал си ми је убаве песме,
Радувал се ко малечко дете.
Ете, његову војничку
И моју девојачку слику смо урамили,
Стоји ни у собу за спијење.
Е, нек'д је била дика,
А с'г, сине, еве овој време,
Неки не иду у војску,
Нег' се мају по амбуланте –
Вику у „цивилку" служе.
Немају ни војничко одело,
Онoj убаво, какво носил татко,
К'д је нек'д бил војник.
Каква ми је тој војска.
Мисле ли тија да се жене,
Пород да си иму.
Сине, ако, зврцни ми на мобилни,
Ал ми туга млого за писмо,
Ел си га могу носим,

Цел д'н с овце,
К'д си се одмарам на обед,
К'д жњем сас срп,
Ил' к'д обртам сено,
Па малко од'нем у 'лад,
А нек'д и пред вечеру:
Могу да си га прочитам,
И помињујем тебе,
К'д си бил дете пред спање.
Прати ми писмо, синко,
А у њега слику војничку,
Да си се повалим у село,
Да и ја имам сина војника.
Да си гу гледам,
К'д си се одмарам,
Да гу, к'д овце пландују,
У пладне под буку,
Показујем на овчари.
Прати ми сине одма',
Да ме туга мине,
К'д гу цунем,
Па си наглас викнем:
"Изедем га, мајкин син,
Млого ми је убав војник,
Ма исти си башта".
Немој да забрајиш, сине!
Писуј, сине, писма,
Мајка ги стално чека.
А и татко ти негде,

Сас малтерку и мистрију,
У бел свет у печалбу.
Копнеје и чека писмо.
Св'ки д'н у планину,
К'д неко иде у пошту,
Питујем има ли писмо,
Од нашег сина војника.
Сине, татко и мајка чеку
И наду се за писмо.
Викни на мобилни
Да си га послал,
Да се надамо сас татка.
Ајд' у здравје и слушај старешине.
Твоја мајка и твој башта.
19.11.2001 - 2007. године, Власотинце
∗

∗ ∗ ∗

Печалбар и слобода

ОПРОСТИ, ОЧЕ
(посвећено оцу Благоји)

Никад сит хлеба,
Скривена туга и бол,
Пратила те, оче...
Дванаест дечачких година...
Су почетак,
Печалбарских мука,
Недоживених снова,
За мрвом хлеба.
Глад, немоћ и нејака снага,
Тужни изласци и заласци сунца,
Падови и посртаји,
Пред колицама:
Намргођених цигларских мајстора.
Ручна цигла,
Спас живота,
Сапунаста, обликована као шибица,
Дар је мајсторије,
Цигларских калупа,
И душе циглара.
Тежак живот и немаштина,
На малом поседу,
Испошћена земља.
Није се ни стишало,
А опет је пукло.
Бугари навалили,
Да узму и душу.

Ропство у њиховој земљи,
Боси и голи,
У партизанима
Дали су неки и своје животе,
За боље сутра.
Ослобођење од окупатора,
Изградња земље,
Одлазак на радне акције.
Женидбе и удадбе.
Рађала се и деца,
Расла поред огњишта
Кућа у шареним ливадама.
Радовала се сваком доласку,
Туговала сваком одласку,
Очева печалбара.
Када се јавише поколења
Школованих људи,
Што у градове одоше,
Села опустеше.
Остадоше сами,
Који су градили села,
Који су носили пушке,
Јуришали на р069ове,
Са песмом на уснама.
Жудили за хлебом,
А остављали га за дечја уста,
За крваво зарађени динар,
Да се прехрани чељад.
Никада нисмо били у загрљају,

Осетили срећу.
Нисте били поред нас,
А ми смо, у дубини душе,
Носили бреме одговорности
Одраслих мушких глава,
Које нису ту.
Притискивала нас је мора
Да ћемо, једнога дана,
Доћи као очеве замене.
А онда наиђоше,
Путеви и странпутице,
Да се обликује живот,
И нађе његов смисао.
Кренух и ја
Путем печалбара,
Са цигларским калупом
На нејаким леђима,
Али са другим циљем:
Да се борим за бољи живот,
Нејаких, изнемоглих и угрожених.
Против неједнакости
Свих облика,
Код нас и у свету:
За потчињене, увређене и понижене.
Да се борим, оче,
Муком и науком.
Самостално школовање,
Уз печалбарење
По селима широм земље.

Борба је тешка.
Она тражи и жртве,
Тражи одрицања од живота.
Немам куд-немам ништа, оче,
Осим истине:
О слободољубљу твом,
За које си се увек борио,
И пушком и духом,
Да сиромах не буде:
Уцењен и увређен.
За истину, оче,
Да вредности живота:
Рад, поштење, искреност,
И помоћ другима у невољи
Буде смисао мога живота,
Су твоје велико благо,
Мудрог сељачко-печалбарског живота.
Али, оче!
Хоће да нам униште.
Можда се питаш: Ко?
Џаболебоње, оче!
Нерадници, лажови, улизице,
И државни лопови.
Распикуће: бирократија и малограђани,
Воде нас у пропаст.
Хоће да нам све потроше,
Да не остане ништа за поколења.
Зато се треба борити,
Борба је тешка,

Али победа ће доћи,
Када ће радник
И намучени сељак
Да буду срећни,
Слободни-да што мисле
Увек кажу и спроведу у дело.
Тешко ми пада, оче,
Једе ме свакога дана,
Кад помислим,
Да са изнемоглим плећима,
Радиш за голи живот.
Не могу ти помоћи,
Опрости ми, оче,
На твојим тешким мукама,
На твојој скривеној тузи,
Бризи и жељи,
Да ми помогнеш,
Да победим живот.
А обећавам ти, оче,
Да ће смисао моје борбе
Бити на путевима
Твога живота,
Поштења и скромности,
И жеља за радом.
За бољи живот,
Сељака на њиви,
И радника у фабрици.

Јесен 1981. године, село Крушевица

*

Фото запис 1985.године с. Крушевица:-
Остарели отац печалбар, унука и син(Мирослав
Б. Младеновић Мирац) без посла због
категорије „морално политичке подобности"
са четворочланом породицом без егзистенције
(1984-1989.г) као настацвник математике у
ОШ „Карађорђе Петровић" с.
Крушевица(Власотинце); био је принуђен да се
поново лати печалбарског посла као циглар и
зидарски радник у печалбу....

* * *

Једно од одељења шестог разреда деца печалбара из села Крушевица и Доњи Дејан са разредним старешином Мирославом Младеновићем, школске 1973/74. године, у времену када је радио у струци у ОШ „Карађорђе Петровић" Крушевица.

Фото запис из јуна 1974. године, фото апаратом Смена 8 аутора, испред дворишта основне школе.

*

Мирослав Младеновић наставник математике ОШ „Карађорђе Петровић", у времену када је радио као грађевински радник.

Фото запис из 1979. године, село Крушевица, Власотинце.

* * *

JOBAH

Често ме мајка и баба училе
Да се молимо Богу-
Када су дани светаца:
Светог Јована Биљобера
И Светог Јована Крститеља.
Кад је био летњи Свети Јован,
Онда смо брали лековито биље,
А зимски је „крститељ“ Христа.
У српском роду име Јован:
Има свуда, у свим селима
Планинског дела Повласиња.
Кроз мој бурни живот
Упознао сам више њих
Са овим именом.
Јован Петровић - Преданчанин,
Партизан, скојевац и акцијаш,
Најписменији човек у околини.
Остао сироче са сестром Јованком.
Па су ко близанци усвојени у Дејану.
Предак му је био из чувених Поповића.
Јунака из Балканских и Првог светског рата,
Засељених из црнотравскога краја.
Као верник Комунистичке партије,
Утицао на формирање моје личности,
Следио је Тита-а ми смо следили њега.
Радио као служитељ у школи Златићево,
Пешачио дневно десет километара.

Био је најбољи акцијаш -
Командант радних акција на изградњи:
Путева, пруга и Новог Београда.
Живео за идеале револуције,
Па доследан њима,
Остао на селу, у планини.
Није хтео да иде на даље школовање,
А ни на веће функције у партији.
Добио батине и поломљене зубе,
Покушавајући да спасе књиге
Легендарног партизанског команданта:
Ратка Павловића-Ћићка,
Када су их Бугари запалили 1943. године.
Плавокоси, средње висине-горштак,
Носио је највеће бреме у воденицу,
Највећи нарамак дрва из браништа,
Био најбољи косач планинских трава.
Утицао на родитеље да идемо у школу,
Па смо захваљујући њему ишколовани.
Да није њега сигурно би остали чобани,
Земљоделници и печалбари.
Зато у себи носим велику захвалност,
Што смо се описменили и завршили:
Свако по неку школу уз печалбарење.
Са њим смо расправљали о политици,
О Камбоџи, Вијетнаму, Че Гевари.
Узимао је Политику да читамо,
А и први је купио радио у крају,
Па смо увече одлазили код њега

Да слушамо вести и „Село весело".
Доносио нам је и књиге,
А са нама је дискутовао о свему.
Наравно, у младости је био авантурист,
Кажу велики швалерчина,
Па се често жене тукле због њега.
Човек који је увек давао другима
А за себе никада није мислио.
Ишколовао два сина учитеља,
А и ми остали смо његово дело.
Има и других ствари о којима се зна:
Да нас је подучавао да будемо слепи,
Да верујемо партији и револуцији.
Тако смо по њему мрзели четнике,
О њима смо знали да су „кољачи",
Да су то наши „непријатељи",
Да их треба борити против њих,
Да их треба уништити -
За њега је борба била смисао живота.
Тако је у селу сам себи стварао:
„Непријатеље"- јер је требало да се бори.
Каже да је због тога морао и да трпи.
Неки од четника су ушли у власт,
Па су га тукли у УДБИ у Власотинцу,
Морао да се јавља сваку недељу,
Да пешачи дневно четрдесет километара
Од села у планини до УДБЕ.
Сећам се да је педесетих година
                    двадесетог века,

Учествовао у хватању бугарског шпијуна.
Уживао је у тој представи.
Наравно, после завршетка школе,
После запослења у просвети,
Ученик је дошао у сукоб са учитељем.
Почео сам критички да преиспитујем
Све што је у историји а и пракси.
Постао сам реформски комуниста,
Па сам дошао у сукоб са догматама,
А и са бирократама,
Због мог мишљења - јереса
О загонетној погибији Ћићка.
Такви догматисти-правоверници,
Попут мога тече Јована,
Подржали су директора школе,
Па и тадашњи партијски комитет,
Да ми се организује хајка,
Да се деградира и омаловажи,
Потпуно биолошки уништи-моја личност.
Писао је писмо директору и комитету,
А и у село се укључио у пропаганду,
Са осталом булументом, да сам „луд“.
Дисквалификација и прогон је успео.
Доживео сам нервни слом.
Остао шест година без посла,
Опет из нужде постао печалбар,
Па радио као физички радник
На циглaнама и са зидарима,
Како би се биолошки опстало -

Да се извуче жива глава,
Верујем да га је то пекло.
Учио ме је како да косим,
Како да се борим за живот,
Учио ме како да радим у печалбу.
Више никада није питао за мене,
Па и онда када су године старости,
Када су ми и родитељи отишли.
Ето таква је судбина живота.
Данас у осамдесет другој години живота.
Стари ратник, акцијаш, косач
Самује у планини.
Његових идеала живота нема,
Али су остали они
Који га нису заборавили,
Па и када су се са њим разишли
У путевима живота,
На раскршћу овога чудног света.

*

Фото запис 1976.године са свадбе печалбара у планински засеок Преданча села Г.Дејан(Власотинце):- Јован Петровић (1925.г.) партизан, акцијаш и командант са радних акција са пруга и путева широм старе Југославије, наш „учитељ" путева раскршћа и забалуда изласка у свет из света неписмености и заосталости у планини...

#

Комшија Јован увек је славио
Када год је његов имендан
Позивао оца и комшије на ракију,
Лети се пила љута а зими грејана.

Фото запис 2011.године планински засеок Преданча (с.Г.Дејан) општина Власотинце:- Јован Станковић (1938.г.) некада печалбар а у старости последњи сточар у ово планиско село на југу Србије....

#

У селу је постојао још један Јован,
Који се пропио и постао пробисвет,
Па су га често у планини помињали
Онако, шеретски, као "Светог Јована".

#

Док сам радио у селу Крушевица,
Становао сам, ту уз школу,
Код чика Јована,
По мени необичног горштака -
Физичко јаког за најтеже цигларске послове.
Кажу да није било јачег фурунаша -
Да истера печену, а утера сирову циглу у рингов.
Живео сам бедно са породицом.
Остао без посла и без егзистенције
Због свога уверења осамдесетих година
                                    двадесетог века,
Јован нас је помагао у огреву,
Често нам и хлеба давао.
Био је оличење правде и поштења.
Стално је псовао директора школе
А и свађао се због мог удаљења
И избацивања са женом и децом
Без егзистенције на улицу.
Помагао нам је да преживимо,
Па смо му остали вечити дужници.
Рано је отишао са овога света,
Али је остао његов здрави осмех
А и вера у снагу живота правде.
Остала ми је и његова шаљивост:
„Мало ради, више кради
Скидај шешир свакој влади“.
Поодавно сам отишао из планине,
Али су остала сећања на добре људе,

Који су се борили да буде боље,
Па ако су некада и грешили.
Нека имена свих Јована остану
Да се наставе у сећањима,
Како се не би заборавила
Наша прошлост-и онда,
Када се борило за идеале, а грешило,
Када се губио разум због заблуда,
Али се никада није изгубила:
Доброта људске душе.

14.октобар 2008. године, Власотинце
* * *

ЂОРЂЕ КОМИТА

Мори Ђурђо, сестро Ђурђо,
Ама нама, мори сестро Ђурђо.
Излегни си на пенцер, Ђурђо,
Ама нама, мори сестро Ђурђо.
Да ги видиш, сестро мори Ђурђо.
Ама нама, мори сестро Ђурђо.
Куде прооде комите, сестро Ђурђо,
Ама нама, мори сестро Ђурђо.
Напред оди, мори сестро Ђурђо
Барјактар Ђорђе, сестро Ђурђо
Ама нама, мори сестро Ђурђо
Куде бега иду, сестро Ђурђо,
Ама нама, мори сестро Ђурђо.
Да му плате свадбарину, Ђурђо,

Ама нама, мори сестро Ђурђо.
Кроз орашачко поље проојдоше,
Ама нама, мори сестро Ђурђо.
Пуче пушка из густо ораси,
Ама нама, мори сестро Ђурђо.
Те погоди Ђорђе комиту, Ђурђо,
Ама нама, мори сестро Ђурђо.
Јул 2008. године, Власотинце
* * *

ХАЈДУК СТОЈАН МАСЕНГА

Био је високог раста,
Увек се хајдучки носио:
Беле чакшире и гуњ
Са увезаним врцама,
Свињске опанке,
И шубару на глави.
А често и кожук
Од неке свеже јаловице,
На коме је спавао
По овчарским трлама,
У хладу испод бука.
Плећаст, носио кубуру,
Знао да говори арнаутски,
А и турским језиком
Добро се служио.

88

Рођен у селу Горњи Орах,
Некада званом Орашачки Хан,
Где се испод столетног ораха,
Тада налазио турски хан,
А ту и пушкарница.
Село беше дербенџијско,
Ту су, у клисурама,
Пут чували „стражари".
Прво хришћани-Срби и други,
А и Турци при крају
      осамнаестог века,
Од напада хајдука-крџалија.
Надимак Масенга,
Стојан је добио од Турака,
Што је на њиховом језику
Тада значило: "опасан хајдук".
Средином шесдесетих година
                  двадесетог века,
Старији људи у Горњем Ораху,
Често су препричавали приче
О јунаштву Масенге.
Тако једном дође кући,
Онако да посети жену и децу,
У време јесењих задушница,
Његова жена сварила млеко,
Па са житом окачила о клин.
Да се види испред куће,
Као знак за слободан пролаз.
Неко је Масенгу издао Турцима:

Неки шпијун из села Орах,
Поткаже Стојана „турској стражи“.
Како је Масенга дошао кући,
И како испред ње куса млеко,
Турци опколише кућу Стојанову,
Па му викнуше:
- Јеси ти Масенга?
Стојан је, уместо одговора,
Ухватио турског војника,
Бацио га тако далеко од куће,
Да је у причи остало сачувано:
Да су од замаха Турчину
Папуче одлетеле,
Чак у Папазикин двор,
А хаљине остале у рукама Масенге.
Његова снага и одважност
Приморала је уплашене Турке,
На бег у шуму.
Према причи солунца,
Деда Владимира, ваљача,
Воденичара и приповедача,
Коју је чуо од свог деде Крпуза,
Тада стотрогодишњег воденичара,
Масенга је често боравио,
Са својом хајдучком дружином,
У воденици крај реке Бистрице,
У планини засеока Преданча.
Према тој причи:
Као од шале је, на рамену,

Доносио двиску - нејагњену овцу,
На камену испред воденице је клао.
Пекао и месо делио дружини,
Која је јатаковала у воденици.
После хајдуковања у овом крају,
Стојан Масенга је, са дружином,
Побегао у планину Романију.
Тамо негде код Сарајева.
Масенгу опколила турска војска,
Да га живог ухвати са дружином.
Чуло се на турском:
„Држ'те хајдука“!
Знајући добро шта вичу,
Масенга их надмудри,
Са дружином побеже у планину.
Остало је у предањима о Масенги:
„Стојан Масенга скакао
двадесет четири стопе,
А његов коњ само шеснаест“.
У приповедању је остало и ово:
„Као хајдук Стојан Масенга,
Такав јунак није се родио
У овом крају у борби
Од петовековног турског ропства.“
Његово хајдуковање се спомиње
У историјским списима
                    осамнаестог века.
Да се не заборавe сви јунаци,
Који су хајдуковали и живот,

За националну слободу дали.
Нека се памти и ова песма
О неустрашивом јунаштву
Хајдука Стојана Масенге,
Хајдука над хајдуцима.

1976. године, село Крушевица

* * *

КОМИТА АНЂЕЛКО
Крај колибе, на планинском вису
Дружина комита јатаковала.
Комитски барјак,
У планину носила.
Годинама Турцима пркосила,
За српску слободу се борила.
Међу њима беше и Анђелко,
Што са браћом и дружином,
По власинским долинама,
Караване пресреташе,
Благо им отимаше,
А многе турске главе
Од његове руке падоше.
О Анђелковој борби и јунаштву
Чуло се до Цариграда.
Стиже абер од Хамид-паше,

Чувеног турског команданта,
Некада пруског ђака.
Да га живог ухвате,
Да преко његове главе,
Оптуже Милошеву Србију.
Кад их Турци опколише
И дружину му савладаше,
Не даде се жив Анђелко.
Разби своју пушку
И револвер о камен,
А преосталих девет бомби
На Турке баци.
Оставши без оружја,
Сам, међу погинулим комитама,
Грчевито стеже каму!
Турци му лагано прилазише,
Са страхом подвикоше:
„Предај се старино, српско копиле,
Док ти је још глава на рамену!“
Јуначка старина - планинска вучина,
Им хладно одговори:
   „Много сам турских глава одсеко,
И блага им отео,
Зими рујно вино пио,
Овчарке лепе љубио,
Старост у колибама јатака,
Са бритком сабљом дочекао.
Турцима се српски комита,
Жив не предаје“.

Јуначки узе своју каму,
Па је на очиглед Турака у гомили,
Зари у сопствено грло,
Што је у планину јуначке песме,
Са дружином, о слободи певало.
Паде комита Анђелко,
У локви крви покрај сабље,
С којом је бој бојевао.
Оста песма о јунаку што је
Снове о слободи у гори сањао.
За Србију и слободу од Турака.
Јуначки са дружином живот дао.
Ђурђевдан 2009. године
* * *

ЖЕНА РАТНИК
(Песму посвећујем Синадину)

Жена са Власине, Црне Траве и Власотинца,
Кроз беду и немаштину у планини,
У вечитој борби за опстанак,
Челичала је себе, постајала јака.
Таква жена печалбара-била је све:
Домаћин, борац, браниоц земље.
Та жена брани свој дом, своју породицу,
У времену под Турцима није трпела ропство,
У њему била је достојанствена.
Супростављала се тиранима и освајачима,
У времену Првог и Другог светског рата,
Узимала пушку и борила се за слободу,
Јуришала на бункере Бугара и Немаца.

Рањена, а рањенике превијала,
Косила, орала, децу одгајала,
Коњима терет преносила.
Певала, играла, коло водила,
Гладовала, туговала и слободи се надала.
Многе су песме испеване о њима.
Оличење жене ратника је
У лику Милевке Синадиновић.
Ова храбра Црнотравка 1944. године,
После заробљавања,
Отргла из пушке бајонет Бугарину,
Забола га у груди поробљивачу.
Живу је спалили на огњишту куће.
Стихове на њеном споменику:
„Жено моја, ти јуначки паде,
Живот твој за слободу даде"
У знак захвалности посвети:
Њен одан муж Ранђел.
Стихови на споменику прости,
Као мука печалбарска,
Зрачиће кроз векове.

6.октобар 2008.године Власотинце

* * *

Мори планино

ПЛАНИНО, МОРИ ПЛАНИНО

Планино, мори планино,
Млого си ми се ужелела,
Ти си ми снагу дала,
У теби сам се родио,
На ливадама и пашњацима,
Прве дечје снове снио.
Ту сам момковао,
У теби ми младост оста.
Планино, мори планино,
Куде се денуше онеј лепотиње,
К'д си брамо китке,
Здр'в'ц, перунику, гороцвет,
Жуто игличје, жуте женке,
Алене китке по градине.
Д'нске си, мори, опустела,
Нема кој ни цвећке да бере,
Све урасло у пелин и бурјан.
По које пиле долети,
Тужно поје на суву грањку.
Тужна си, мори планино,
Што туј нема ни косача,
Нема ни овчара, ни орача,
Нема ни жетача, ни певача.
Пусто, пуста пустелија.
С'њам те, мори планино,
Свакуј ноћ, тамо у туђину,
Пред очи ми стара кућа,
Огњиште и стар кот'л,

На вериге окачен,
Мирис загорелог млека,
Слика остареле мајке,
Како у пепел пече кравајче,
Старо грне са пасуљом.
Црепуља са мирисом леба,
Од ржнице и жуте проје.
Планино, мори планино,
Млого си ми се ужелела.

4.октобар 2008. године, Власотинце

*

*Фото запис 1956.године „партизансики
учитељ" Витомир Младеновић и ученици од
првог до осмог разреда у ОШ села Златићево,
истуреног одељења ОШ „Доситеј Обрадовић"
села Свође у општини Власотинце на југу
Србије:-деца печалбара, међу којима је и
писац(најмањи плавокоси дечак првог разреда
који чучи у првом реду) ове збирке песама на
дијалекту о печалбарима у власотиначко-
црнотравском крају...*
*

Планинска села некад. Ученици трећег и четвртог разреда основне школе у Златићеву и учитељи Наталија и Ненад Лазаревић, школске 1958/59. године.

Слика из планинских села данас. Напуштена појата, испред ње у дворшту, тамо где је стотинама година земља табана људском и животињском ногом, обрасла трава. Од људи и домаћих животиња ни трага.

Фото запис Мирослава Б. Младеновића Мирца и Небојше Костадиновића, ученика из Црне Баре, из 2008. године.
Село Црна Бара, општина Власотинце.

* * *

ВОДЕНИЦЕ

Некада, уз реку Власину,
Од Власотинца све до Црне Траве,
И уз Љуберађу реку,
Од Свођа до села Љуберађе,
Било је на више стотина воденица.
А било их је и уз села:
Шишава, Црна бара, Средор...
Махом су биле мале поточаре,
Изузев једне веће код Свођа.
Да се помену само воденице:
Поред речица Раставнице, Грацке,
Пусте, Гарске, Добровишачке,
Састав Реке, Чемернице, Рупске,
И још других потока.
Поточаре су стално радиле:
Почев од врше првог снопа,
Па све тако док има жита,
По амбарима и у кошарама-
Средином лета, почетком августа,
Јесени, зими до пролети.
Највише се млела раж, јечам,
Жут и бел кукуруз.
У планинским селима,
Жито се терало у двоколицама.
По непроходним планинским стазама
Носило се у врећама на коњима,
А тамо где се није могло никако,

Упртио би се џак на раме,
Па се једном руком он држао,
А другом се за гране хватало-
Да се не стрмекне негде у долину.
Узимао се ушур од села до села,
Како се када имало или немало.
Док се чекало да се жито смеље,
Да се прекрати време и досада,
Шалило се, певало и играло,
А било је и доста љубависања.
Ту су се млади гледали,
А често се заљубљивало,
Па онда женило и удавало.
А у времену дугих мратинских ноћи,
Приповедало о прошлости,
Преносиле легенде, приче и догодовштине.
Тако су у многим селима
Остала воденичарска приповедања:
О људима и догађајима,
У борби противу Турака.
О скривању хајдука и војевању комита,
А и јунака који су се борили за слободу
Свих ратова: Балканских, Првог и Другог,
Биле су склониште од Бугара и Немаца,
У времену окупације и ропства.
У воденицама су се склањали рањеници,
У њима се прехрањивало, остајало живо,
У њима су видане ране јунака.
Воденице су биле и место живота,

Место радости и среће у планини.
Многа имена старих воденичара,
Поодавно су нечасно заборављена.
Али је у запису остала
Воденица и ваљавица Крпузоваца,
Поред реке Бистрице,
И беседништво
Старих воденичара од Илића:
Добросава, Пејче, Владимира,
Стојана, Стојадина и Данила,
Из планинског засеока Преданча.
Остаће у сећању усмени приповедач:
Воденичар, ваљач Владимир Илић,
Стари ратник Балканских ратова,
У борби противу Бугара и Турака,
Учесник Колубарске битке,
У Првом светском рату.
Од кога су остала у запису многа казивања,
Као траг живота за будућа поколења.
Свако село и засеок,
Су имали по више воденица.
У доњем делу Повласиња:
У Свођу, где се крсте путеви за
Власотинце, Пирот, Ниш и Црну Траву
У старом времену је било живо.
Свођани су се, поред трговине и заната,
Бавили и воденичарством.
Долазили су људи,
Са свих страна, у воденице.

Највеће гужве биле су у августу,
Када се оврше жито
И једва сачека прва погача,
Или хлеб из црепуље.
„Црепуљан“ је био велики,
Као воденично коло.
Из удаљених крајева:
Црнотравског, бориндолског
Цакмановског, крушевачког,
Кретало се дан раније,
Да се заузме ред у воденици.
Ишло се пешице,
Коњском или воловском запрегом.
Док се чекала мељава,
Напасала се стока.
У својим торбама
Помељари су носили хлеба,
Сира, понеку печену паприку,
Со и парадајс.
Сакупили би се
И обедовали у хладу поред реке,
А воденичар би их служио кајганом.
Док вода на камен пада
Воденичар непрекидно пази на:
Проток воде кроз „буку“,
Рад камена и откуцаје чекетала.
То је вештина воденичара.
Потребан је добро клепан камен,
Чекићем са четрдесет зубаца,

Чији рад слухом оцењује.
Самлевено брашно у кошу се гледа,
По првим окретима камена.
Када почне да веје у сандук,
Узме се у шаку и протрља,
На леви длан се пребаци,
Десним палцем и кажипрстом
Се прихвати.
Тврдоћа и крупноћа се испитају,
Пропустањем између прстију.
У томе је била мајсторија,
Некада старих воденичара.
Живо је било и око воденица
Уз реку Власину и Раставницу,
Поред села Крушевица и Бољара.
Из тог времена су остале и многе,
Никад до краја испричане приче,
О мађијама и ђаволима
Испод воденичног кола,
О препреденим женама,
Које су „мотале" своје и туђе мужеве,
Преко врачарица и врачбина.
Данас нема више воденица,
Нема ни воденичара,
Остала су само сећања.
9.октобар 2008. године
*

Унутрашњост воденице на речици Бистрици, крај села Доњи Дејан, једној од ретких у којој је нешто преостало.

Фото запис из 2008. године.

* * *

ЉУШКЕ

Е к'д дојду Сирнице,
Там' негде кад пролет
Планину пробуди,
Па у њу све заживи,
Т'д си свакој врзује,
Сас ланац, љушке,
На жилаво дивље дрво,
Често на крушку дивљакушу -
Да се љуља и старо и младо.
Поју се убаве песме,
Тугаљиве и веселе:
Туј се поглеђује и тугује,
Туј се младиња весели,
Туј се деца радују,
Туј се млада снајка,
Од печалбара с песму растаје.
Испраћај печалбара у равници,
Има разлике од планинских села.
Код њих се прави игранка,
Весели се, прибира снага,
Игра се клис (цилит), игра се лопта,
Направљена од воловске длаке,
Праве се љуљашке, па се љуља,
Прави се вител, па се и окрећу.
Сви: одрасли и деца се шале и смеју
Последњег дана пре одласка у печалбу.
Такој си остала песма успаванка:

„Љушке, љушке,
На Морави крушке.
Дајем деци једну, две,
А мирној дечици у љушки све“.

4.октобар 2008. године, Власотинце

* * *

КОНДИР

Д'нске бео на едну свадбу,
Па погледа какој си је убаво,
К'д младоженски носи кондир.
Окитили га сас дар, а и кондир.
Начичкане на њега паре,
Онеј наше, ал и странске.
Стоја, онакој, докле мога,
Убаво се нагледа на младињу.
Онај кондир ми се врти по главу.
Онакој преврћам оној време,
А неје млого било долеко.
Нек'д седамдесетих година
                    двадесетог века,
У сва села Повласиња,
Још су се поштували обичаји,
А имало народ и младиња.
Неје овај модерни свет
Ушал по главе и по домови.

109

Е, какој си је било убаво,
К'д младожењски увати,
Онакој од мерак:
Китени кондир, па вика,
Свуд редом по село,
За свадбу и весеље.
Тај младожењски, по обичај,
Закитен сас пешкир.
Бил је зет на младожењу.
Онај кондир напрајен,
Куде доброг мајстора грнчара,
Исто, ко и тестија (стовна),
Има два отвора: голем и малечак.
На онај голем се сипувала ракија,
А на малечак се пила.
Обично за љуту ракију
Бил је „зеленко", са шарама,
А за грејану ракију, жућкас,
Са поголеми отвори.
А и подебел, да се греје,
Уз огњиште ил на кубе,
А у ново време и шпорет.
Кондир, на голем отвор,
Од мерак, се китил -
„Зеленко" сас женку,
А и „жућко" сас женку.
К'д кондирџија прооди
Онда се најављује радос,
Некако свима милина.

Вика на капију, па улази.
Домаћин благосиља позив,
А и каже неку здравицу,
Уз божју помоћ и весеље.
Ондак се тура пара.
Кондирција тој бележи,
А паре си нижу на кондир.
Сас теј паре уз кондир,
Кондирција вика: кума, старојка,
А и пријатељи од девојку,
За други д'н на весеље.
Кондирција је шалџија,
Обилази подрумџију и послугу,
Води рачун од музику,
А и од дочек и испраћај,
Кума и старога свата.
Кондир се радосно кити,
Сас венче около од шимшир.
Малечак кондир је за мераклак,
К'д су славе и неки гости.
Свакоме је арно кад га цуне,
Па цврцне љуту препеченицу.
Онај поголем кондир, жутко,
Млого је аран к'д дојде зима.
Т'г се греје ракија у котал,
Зими на свадбе и славе,
Па се пије из тај кондир.
Пило се и к'д се поодило,
Било у печалбу ил у војску,

А богме и ујутру у кућу.
Такој домаћин рано се дигне,
Па згреје уз огњиште,
А касније на кубе ил шпорет,
У шерпу, а нек'д и у кондир,
Па се из кондир у големе чаше,
Пије грејана ракија у кућу.
Нек'д се сас њу и загревало,
К'д се зими трупила дрва,
Секла и носила из браниште,
На раме, ел неје се имало.
Пуста печалба је све узела,
Па су по големи снегови,
Печалбари носили дрва.
Пила се грејана из кондир,
К'д се копал корен од папрат,
Да се ране овце и свиње.
Е к'д се тике само сетим,
Какој смо се ми деца,
Понек'д сас стари пили,
По неку чашу грејану,
Па се уџипкамо у кревет,
А нек'д само појемо.
А било је и смешне работе,
К'д се жене изнапију
Пусту благу ракију,
К'д се не знаје за доста,
Па се неке соплитале.
К'д си се само сетим

Какој си је нек'д било.
По нек'д се нашалим;
„Покашљујеш ко снајка
За благу ракију“.
Малко се тргну од тој време,
К'д ме повикаше да идем.
Снајка ће да прооди,
А неки помлад сас кондир,
Онакој пројде, тике ради ред.
Још у понеко село, а и варош,
Понек'д се види кондир,
Али тој ко помодарство.
Нема онај значај за радување,
Ко нек'д, какој смо ми,
К'д пројде кондирџија.
За своју душу најдо кондири:
„Зеленка“ и „жутка“, да ги чувам,
Стави ги на витрину
Сас грне, тестију, лампу,
Тенџеру, петролејку, туцало.
Тој убаво време га нема,
Ник'д неће да се врне.
Младожењски, кондир и кондирџија,
су сећање на прошло време,
Радости живота и среће,
Нек'д у планину и село.

10.октобар 2008. године, Власотинце
* * *

ТЕНЏЕРА

Обла грнчарска посуда,
Сас две дршке и поклопац,
У коју се у наше време,
Уз огњиште крчкаја
Купус из кацу, малко сас месо,
Ал тој само к'д је нека светковина.
Тај посуда од глине нас гали,
Па било куде да смо д'нске.
Она си имала неколко назива:
Тенџера, лећенка, вариво,
Зависило је одкују су се ст'рну,
У планину насељали,
У време к'д се бегало пред зулум,
К'д је Турчин владал петсто година.
К'д се мало у планино поодрасло,
К'д се мало у печалбу осоколило,
К'д је нека пара ушла у кућу,
Почело да се купују кубићи,
Па онак онија плекани шпорет,
Па ондак шпорети смедеревци.
Сас буковину се ложила ватра,
Крчкало јело у тенџеру –
А оно студ, све се укоренило од ладноћу,
У планину снегови по два метра.
Ми смо били посирома у село,
Па к'д сам ко дете зими,
Копал сас будак корење од папрат,

Да ранимо свиње и овце,
Онакој уврзан сас папрат,
Још од врата осетил да нешто мирише -
А оно крчка кисел купус из каце,
А малко и месо.
Понек'д се турала и сланина-
Тој је било за домаћина,
А ми деца смо само узимала,
Парче од ржен леб ил проју,
Па га стављали на „пару" мрса-
Малог парчета сланине.
Која се неје давала на децу.
Живело се оскудно у планини,
Па се мирисом на „рупици" тенџере,
Испуњавала дечја жеља,
Да ће да ни дојде боље у снови.
Млоги су од нас сањали да су пекари,
Да месе бел леб-самун и симит,
А проја и ражен леб је била судбина,
Живота у сиромаштву у планину.
Такој к'д снег падне, док ватра пуцкета,
У шпорету смедеревцу на дрва,
К'д ми врапци и белокрилке,
Дооде поред прозора да ги раним,
У мени се јавља време детињства,
Мирис тенџере и моја баба
Какој ми тепа овакој:
„Баге, сине, дојди бабино,
Да малко сас леба помиришеш,

Преко рупицу на тенџеру,
Докле неје дошал ти башта,
Јер овој од мрс је за домаћина.“
Такој лешкарим, сањарим,
А с'н ме не вата од тој време,
Што такво убаво пројде,
А дојде некакво изелачко,
К'д сваки сваког 'оће да уједе.
Несам се одвојил од тенџере,
Сас њу сам се сликал за успомену,
Па слику пратил пријатељима,
На онија који су данаске постали,
Големе главе по Србију,
Ал ги вуче наша планина,
А и и мирис купуса у тенџери.
Понек'д и сам сварим купус,
Али неје ко онај уз огњиште,
К'д се крчкал у тенџеру.

11.октобар 2008. године, Власотинце

* * *

116

ГРНЕ

Мала обла грнчарска посуда,
Са једном ручком и поклопцем,
Означавала је нашу прошлост -
Живот у планини поред огњишта.
Нема тога ко се не сећа грнета.
О њему су нам, у детињству,
Наше бабе, тетке и мајке,
Причале многе загонетке,
А и разне приче из старина,
Везане за грне.
Турало се поред огњиште,
Онако, да се вари пасуљ,
Онај посан а благ ко мед,
Док се припремао жар,
За печење хлеба у црепуљи.
Често у мрак се није видело,
Па се просипало
И од вруће варевине остављало:
Опаке ране од горетине
По ногама или по лицу.
Тако су, нама деци,
Остале многе белеге,
Које су ношене целога живота.
У грне се стављало само посно,
Јер у оскудици није било мрса.
Били су мали грнци, а и велики,
Онија што су служили за жито.

У неким великим грнцима
Стављана је и торшија зимница,
Често од дивљих крушака,
А било је у њима и свињске масти,
И све се то чувало у подрумима.
Данас су остала само задиркивања,
Да се у шали одвали нешто:
„Не задевај се, сломићу те, грне".
А сећам се да је један другар.
Онако физички обликован,
Још на селу добио надимак „Грне".
Данас је угледни доктор-хирург,
Па када се пита за њега, кажемо:
„А то је наш доктор Грне".
Некада су постојале грнчарске радње,
Једна је била у Доњи Дејан,
А најпознатије у селу Грнчар,
По којима је и добило име.
Данас се мали грнци понекад користе,
Онако када се слави,
Чисто из жеље за давну прошлост.
А могу се видети и на пијаци,
Или на вашарима,
Па ће ова песма о грнету,
Остати као траг времена.

11.октобар 2008. године, Власотинце
* * *

118

ПАНИЦА

На село, у планину,
Све до седамдесетих година
                   двадесетог века,
Живело се припросто-сиротињски,
Оскудно, бедно, гладно.
Свака кућа је имала огњиште;
Насред куће се спало.
На рагожу и покровци,
А ту обедовало уз совру-трпезу,
На троношке столице,
Из дрвено и грчарско посуђе.
На совру-трпезу, стављале се:
Панице и ложице.
Негде су биле дрвене,
А биле су и од земље.
Паница је била чинија,
Из које се кусало с кашику.
Биле су дрвене и алуминиске.
С њи се кусало из панице:
Сирутка, киселица, млеко,
У њу се дробио леб од проје ил ражи,
Турале кисele поприке,
Кад се поодило у њиву,
К'д се косило и брало сено,
К'д се деци спремало,
Да пусте овце и говеда,
Да теру стоку на пашу,

119

Ил к'д се иде у школу.
Повиш деца у кућу,
Нек'д неје имало.
Па су деца кусала,
Сви из једну паницу,
А њима су давали, посебно,
Да сас руке кусу гра,
Сви из једну паницу.
А кусало се и друго:
Купус, компири.
Постојале су и поголеме,
Онеј што се у њи кувало,
Праил качамак сас мрс,
Па се турал под вршњик,
Да се запече на огњиште,
А после се турал у шпорет.
Постојала је и земљана,
Голема паница - ђувеч,
Праили се потпечени кромпири,
А у нове време и подварак од купус.
Кусање из панице, тој ти је благодет,
За дечицу и сиротињску душу -
Да се подмири у немаштини,
Сас малко посну рану -
Нарани поголема чељад у кући.
Тој беше здраво време,
К'д се у панице стављала
Само здрава рана,
А све нам је било благо,

Па су сва деца била црвена,
Здрава ко дрен, ће пукну образи.
Све што се турало у паницу,
Све нам је било благо,
Па и д'нске кад гу погледам,
Како ми стоји на орман,
Ко сећање на живот у планину,
Пожелим да поново кусам,
Из ону шарену глинену паницу,
Која је остала са нама,
Да је се сећамо као део живота.

12. октобар 2008. године, Власотинце

* * *

КРУШКАР

Свакој село у планину
Си имало свој Крушкар -
Потес са дивљим крушкама.
По њима је добила име Крушевица.
Тој су биле огромне дивљакуше,
Израсле у висину и ширину,
Јаког корена и са пуно рода.
Њин плод је ситан, опоран,
Па ги краве и коњи воле.
К'д у јесен почну да паду,
Опаке су за стоку,
Од њи се она задавује,

Па је било млого липсувања.
У своје село смо имали,
На стр'ну према село Јаворје,
Там, на стрмине, дивље крушке.
Башта ги са чиче брал,
Била је поделбина на сви.
Они ги посекоше за д'ске,
А ми ги остаимо да ги беремо.
У јесен к'д се све подбере од ошав,
Дивље крушке остану з'дње.
К'д падну и угњилу у траву,
Млого су благе за једење,
А брали смо ги да ги турамо
У племњу да упрну и угњилу,
Па смо ги носили с овце,
А јели сас леба.
Носили да ги једемо и у школу,
Па смо се ми деца претицали,
Кој ће ги пре обере.
А у стара времена су ги турали,
Неки у врчве и грнци,
А неки у каце да се укиселе,
Па ги такој зими јели,
С њи се гостили и уживали.
А млого је било убаво,
К'д се од њи праило сирће,
Које се кусало лети,
К'д су врућине у жетву.
А печалбари ги носили

Сас њи у печалбу.
Оне ги подсећале на село,
На мирис ливаде,
На мирис младе жене,
Која вене и гњили ко крушка,
Без миловање и љубење.
Туга за завичај се такој,
Преко дивље крушке лечила.
Сваки циглар и зидар,
К'д је под јесен доодио дома,
Обавезно је дивље крушке,
У џепови носил и мирисал,
К'д му је било тешко.
К'д си поодрастосмо и одосмо,
Дивље крушке осташе саме,
Да ги башта бере за ракију,
Прво ги турал у дрвено корито,
Па сас маљ ударал-муљал,
Потом турал у каце да сташу,
Па онда од њи се пекла крушковача.
Башта и мајка су били мајстори
Да испечу најбољу ракију
Од дивље шљиве: дрисне и белице,
А и од шљива маџарке.
Ал била је најубава крушковача:
Од њу је мајка праила препеченицу
Од које се душа лечи.
Грејала се зими, к'д снег обели,
На шпорет смедеревац.

Башта ми је у варош доносио,
Па се моји комшије сабирали,
Онија из наша суседна села,
Па смо грејали ракију дивљакушу,
Пили, мезили уз поприку из торшију,
Тике да се присетимо на село,
На мирис дивљих крушака и јесен,
Какој је била убава у наша села,
Негде подалеко у планину.
Наидоше нека чудна времена,
Све се крушке посекоше
У мој родни крај,
Једино још стоји онај стара,
У Белутак, високо у планину,
Под коју сам се одмарал
Од тешке косидбе,
У дебелу ладовину испод крушку
Сабирал снагу да се све урабати,
Да се иде даље кроз живот,
И онда к'д је било тешко.
Ете такој су остала сећања:
Дивје крушке и крушкари,
Који ги више нема по планину,
Па и у наша запустела села.
Остало је само у песми,
Да си се сећамо на тој време.
12. октобар 2008. године, Власотинце
* * *

Пут путују...стари печалбар Благоје Младеновић (1920.) и његов унук Саша (1974.) и терају брашно из Крушевице за Преданчу.

Фото запис из септембра 1978. године, село Крушевица.

* * *

МАЏАРКА

У јесен к'д се бере бериђет,
Т'д све убаво мирише,
Т'д се сви радују по поље.
Бере се царевица, компири,
Бере се ошав: сливе, крушке, јабуке,
А напослетку млате ораси.
Износе се пред ајат:
Каце, буриђи, да се запаре.
Пуне се са воду да добро задују,
Какој не би пропустале комине,
Какој би били сигурни судови,
Да се тури први казан,
Да потекне шљивовица
На лулу казана.
Сви поглеђују по шљивари,
Ону модру сливу, једру,
Од које ће се прај' речељ,
А од скора пекмез и слатко,
Да се зими сласте деца.
Од њу је најубава ракија,
Онај чиста препеченица,
Што вреви млого језика,
Што знаје да убаво поје,
Што чисти све прљаво,
Што лечи и крепи,
Да се живи весело и здраво.
Тај шљивка ракија се чека,

Да се од ње направи весеље на свадбе,
Да се боље честита на кравај,
Да се почасте гости на славе.
К'д се отели крава,
К'д се дојде из печалбе.
К'д се броје паре на астал,
К'д се помиње имендан,
К'д се благосиља за Божић,
К'д се збиру комшије,
На неки благи д'н.
Туј је наша убава шљивка,
Онај од шљиве модрице,
А помињу гу као јесењка,
По старински маџарка,
А у ново време пожегача.
Д'нске на почетку двадесетог века,
Све је мање модрица шљива,
Маџарка слива ко да нестаје,
Не мирише по шљивари,
Поред каце и казани.
Шљивари у планини опустели,
Каце се расушиле по подруми,
Бурићи празни а казани зарђали,
Ко бледе слике погледа веселе деце,
Које више нема.
Дал још стоји нека слива маџарка,
Неомлатена прутом у шљивару?
6.октобар 2008. године, Власотинце
* * *

МУШМУЛА

Покрај двор, порет плот,
Татко калемил на дуњу,
И на једну дивљу сливу,
Нам деци радос' - мушмулу.
Обе си добро вирајале,
Сваку годину рађале у планину.
Мајка ги обере,
Па ги тури у племњу,
У сламу да упрну -
А пробиру се да се остаје.
Нек'д ги турала у торшију,
У каче ил у ђуђумче,
А к'д се требало сачуву за Божић:
На таван, у сламу.
К'д падне снег, ондак ги
Туре у шерпу на астал.
Ми деца се утркујемо:
Кој ће повиш' да пробере
Онеј што су угњилеле,
Па ги, онакој од мерак, гутамо,
А мајка ни казује овакој:
„Децо, јеђте скокичке,
Тој је добро за стамак" -
Нема поубав мирис од зрелу мушмулу,
Тој ти је знак праве јесени,
К'д ће да се припрему
Свадбе и удадбе, краваји,

Т'г је време и да се врну
Сви кој су у печалбу некуде.
Д'нске сам и сам посадил
Неколко мушмуле, поблизу,
На сат ода у брда виногорја,
Па такој уживам да ги гледам:
Прво у пролет кад убаво цвету,
Па у касну јесен кад зру.
Радујем се ко малечко дете,
Што ће ми миришу на јесен,
На прошло време у планину,
На детињство, младост и кућу,
Која је опустела
К'д су ми татко и мајка
Отишли са овај свет.
Али затој ме мушмула
Подсећа на давна времена,
Која више нема.

11. октобар 2008. године, Власотинце

* * *

КАЛЕМАР

Још ко дете сам видел,
Какој у планину калемује,
Старина Милутин за чашу ракију.
А учили се и помлади да калемују -
Т'г се и мој башта изучил.
А и млоге жене печалбара
Су изучиле овај занат у планину.
Калемовало се на дивју црешњу,
На дивљак од крушку и јабуку,
А и на дуд, сливу, на све дивљо.
Калемувале се црвене црешње,
Големи и крупни дуњци,
Уруменеле јесење мушмуле,
Крушке: караманке, арнавутке,
Колачарке, жутци, какавци,
Благуњци, водунке, јечменке.
Оне су се носиле зими,
К'д се ишло на славе,
По свадбе и удадбе,
Носиле се ко поклон,
За домаћина из поштовање,
А јабуке за домаћицу,
За младе невесте,
И неудате девојке.
Дуње су стојале на орман,
А негде на старински начин:
Зид собе на рав поређане,

Да миришу на младињу,
На убав живот пун милине,
Радости и чувања у планину.
Од јабука се калемувало:
Петровке, зимске, јесењке.
А најпозната је била будимка.
К'д си се тике само сетим,
Какој су само биле цврсте и румене,
Ко девојачко немиловано,
Убаво и црвено лице.
Калемување, тој ти је радост,
Тој ти је кад ги гледаш,
Какој од пупољци расте млада
И друга, боља, воћка.
Тој је бил смисао за живот,
За мојега башту Благоја,
Који је осећал. к'д је у пролет,
Почела да се рађа природа:
К'д је време за калемување.
К'д је почела „мазга“,
К'д је калемовање на процеп,
К'д се калемује на лист.
Прати се калем целу годину,
Врзује и ограђује од говеда,
Да га не обрсте к'д је паша.
Док се бива у печалбу
Тамо негде у далечину,
К'д слнце припече,
Ондак се мисли на калем,

Дал се примил и како расте.
У писмо мајки се обавезно питувало:
"Какој, Маро, су калеми?
Да ли вирају, дал су прородили?
А онија на комшије иму ли род?"
Ишал је по село башта и калемувао,
Неје питувал за работу.
Радувал се ко малечко дете,
К'д такој проодимо сас стоку,
Било кад терамо сено, жито,
Ил к'д вадимо компири,
Па погледа к'д је у цвет,
Ал нагиздени родови ко гроздови.
Само си онакој, на његов начин,
Се насмеје, обрише зној од чело,
Па каже:
„Стан'те с говеда:
Еве и овој сам ја калемувал,
Погледај како расте,
Како је прородило убаво,
Па нек'д к'д отидем, да ме нема,
Ће остану овија калеми.
Нека има за унуци да се сећу,
Какој им је деда калемувал,
Како ће има за њи и за село".
Д'нске башта и мајка отидоше,
Ал остадоше калеми по село:
Нека бере куј је туј остал,
Нека се сећу на њега,

Како у село беше калемар Благоје,
Кур је волел калемување,
Волел да му расту млади калеми,
Да ги гледа како убаво цвету,
Какој су у јесен пуни сас родови.

12.октобар 2008. године, Власотинце

* * *

КОМПИРИ-ГУТЕ

Компири-гуте, сиротињска 'рана -
У време прошло, нек'д у планину,
У Горње Повласиње, са висова:
Тумбе, Плане, Добропољских ливада,
Чемерника, Букове Главе, Острозуба,
На коњима се носили компири-гуте,
Да се продају у околна села Власотинца.
Размењували се и за царевицу,
А неки и за грозје.
Сви нас који смо одрасли у планину,
Околине Црне Траве и Власотинца,
Сас компири-гуте су нас 'ранили.
Они су нам били главна 'рана,
Па чак су ме сас њи ранили,
Када није било 'леба, педесетих година
                         двадесетог века.

Компири се називу у власотиначки,
А гуте у црнотравски атар.
Онај наш планински је био сипкав,
Црвен и бел са големе кртоле,
А било ги је и преко килограм -
Земља у планини је за њих посебна.
Сећам се да сам седамдесете године,
Лично однео један такав,
Да га ставим у излог задруге
у Власотинце.
Када прероде у планину,
Када се печалбари не врну,
Онда се копају рупе-трапови,
Па такој свежи остају до пролет.
Плански компири,
Када су ги по градови видели,
Постали су много тражени,
И там су благи
Кад се испечу у релну шпорета,
Па се уз астал мези са сир.
Ми планинци смо се осамдесетих година,
Често дичили са тим кромпиром,
Па је Славко Милчић-Козилац рекао:
„Кад пукне у релну наш компир,
Цело село Своће побели“.
Заиста су били бели ко снег,
Сипкави када се испеку,
А служе се док су врући.
Уз плански сир или само посољени.

Дан'ске још има понегде,
Да се купи планински компир,
На власотиначки пијац од Лопушњани,
А доносе га још на каравански начин:
Јакољевци са коњима у врећама.

12.октобар 2008. године, Власотинце

*

ЗАПИС О ТЕТКА ЗОРИЦИ

Зорица (девојачко Стојановић) Ђорђевић (1934.године, село Горњи Дејан, махала Преданча): песмопојка у лазарицама, на седењкама и народни приповедач

* * *

На планинском вису родног засеока Преданча рађало се, живело, радовало и туговало кроз игру и песму.

Девојке су певале од малих ногу док су чувале овце на пропланцима Букове Главе, лепе чобанске песме;
У лазарицама – када се убире први цвет љубичице још у снегу;
У заносу девојаштва, док смо лежали у трави и гледали се преко зрелих дивљих јагода, певале су песме о моми и момку.
Тамо где се гладовало, радовало се сваком зрну жита; првом снопу и жетварским песмама.
Тамо где се прерано одрастало због оскудице, први дечачки жуљеви косача планинских трава, праћени су девојачком песмом: „Ој, облаче/Не иди на косаче.“

Ту, на многим ветрометинама, сви моји вршњаци, деца печалбара, одрастали су сами у планини - без очева печалбара. Ни мајке, од тешког тежачког посла, нису имале времена за нас.
Зато је свако од нас имао бабу, деду, или тетку са којом је могао да дели радости и тугу дечјег живота у планини.

Тако сам и ја имао своју тетку Зорицу, с којом сам спавао на рагожи, јео проју, ражен хлеб испод вршњика, јели пасуљ из грнета и хлеба из црепуља.

Моја тетка Зорица ме учила како да држим оловку, повлачим танку косу и усправну дебелу; свраћала ме успут из школе - да ме огреје од премрзлина и осуши мокре чарапе-после напорних десет километара пешачења полубосим промрзлим ногама у свињским опанцима по планинским сметовима, у времену најгорих зима у планини Повласиња у другој половини двадесетог века.

Учила ме да певам јуначке песме, са мојом бабом и мајком, у току зимских ноћи - када се ткало уз разбој или пекао хлеб уз огњиште.
Упијао сам од тетке, бабе и мајке све испеване песме док се жело српом жито на планинским косама: ражи и овса.

Уживао сам у време Ђурђевдана, шестога маја, слушајући како се певају ђурђевданске песме, док сам с тетком по ливадама брао цвеће и плео венац у Долини, где се код „Дрвеног крста" заједнички славило.

Уживао сам у прскању водом девојака док су се певале песме о здравчету и у венчићима које су стављале овцама које су се прве ојагњиле.

Највише сам волео да слушам теткину групу девојака - које су лепо певале песме на седењкама; у којима се дозивала неисказана љубав или исказивала чежња за драгим који је негде далеко у туђини у печалбу.

Не знам шта би дао да могу да опишем лепоту теткиног гласа док се преливао са другим, исто лепим, али не тако као што је то њен.

Зато сам овај кратак запис о тетка Зорици посветио свим, тада нашим теткама, које су нам биле наше праве маме - које су нас училе играма и песмама, училе нас радостима живљења у детињству пуном сиромаштва - оскудице живота у планини.

Желим да се овим писаним и фото записом одужим свим нашим теткама у планини Повласиња, и оставим писани траг о њиховим играма и песмама, као аманет будућим поколењима.

2008. године, Власотинце
* * *

РЕЧНИК

ЛОКАЛИЗМА И АРХАИЗМА

А

Абер-порука, поздрав, вест

ајд'-хајде

ајат-заграђена настрешица испред куће, отворени простор испред куће за летњи одмор, незаграђена тераса

ален-црвен

ама нама-узречица у песми

аран-добар

астал-сто за ручавање.

Б

Баница-пита гужвара од кора прављених ручно оклагијом.

„банда“-дружина музиканата, трубачи, плех музика

батлија-срећник, срећа

бардак- дрвена или глинена посуда из које се пије вино или ракија

башта(татко)-отац

бегај-бежи

белокрилка-птица певачица са белим крилима

беклике-турски порез

берићет-добар род у поље, богатсво

бил-био

„Биљобер"-верски празник Свети Јован када се беру лековите биљке, пада се седмог јула

бичкија-ручна тестера

блају-блеју (овце)

благо-слатко

блажила (блажи се) – једе се непосна, „мрсна" храна

бремена-трудна жена

бурјан-коровска биљка.

В

Ваљавица-мала радионица за „ваљање" клашњи (вуненог сукна) - од кога се правила одећа у планини, као и воденица поточара радила је на „погону" млаза воде.

ватање-пипање, миловање девојака.

вергија-турски порез

вериге-гвозден ланац окачен над огњиштем

веник-шатор, често направљен од букових грана и покривен зеленим папратом у коме се у хладовини пије и весели на вашарима

викне-зове

вител-дрвена направа слична рингишпилу

воденица-млин са воденичним каменом покретан млазом воде са потока

волел-волео

врта-враћа

вртипоп-планниска биљка бела рада

вртам-враћам

вудунка-врста јесење крушке, водунац, водена крушка, стиже у касну јесен.

Г

Гасарче-светиљка на петролеј (гас)

горштак-човек са планине, снажног изгледа, чврст и отпоран на све муке и невоље у планини, црвен ко јабука и здраворазуман

готови-спрема јело

госјанин-гост

градина-башта са старинским цвећем и поврћем.

грањка-грана

грбина-леђа

гра-пасуљ

гувно-место на коме се простиру цигле ради сушења

гуте-кромпир (Црна Трава).

Д

Далечина-туђина, „бели свет"

двоколица-запрежна воловска кола са два дрвена точка

дејани-мучи се

денуше-нестадоше

дербенција-у турско доба становник села, обично у кланцу на неком важном путу за које је султан

одредио да му не плаћају порез у замену за чување
и одржавање пута
дивљакуша-дивља крушка, необуздана девојка
д'нске-данас
д'л-узречица: да ли
д'нови-дани.
д'њу-дању.
добивал-добијао
дојдемо-дођемо
дојди-дођи
дојдоше-дошли (торлачко-шопски)
дооди-долази
друшке-другарице
друство-друштво
дунђер-грађевински радник
дудук-чобанска свирала, фрула.

Ђ

Ђубре-човек без карактера, лош човек, стајско
ђубриво за њиве.

Е

Еве га-ево га
еве-ево
ене ги-ено их.

Ж

Женка- турско цвеће жуте боје, украсна биљка

„жутан"-печалбар, од тешку работу жут ко „женка у градину", испоснео, поцрнео од сунца и тешкога рада

„жућко"-жут кондир из кога се пије грејана ракија

њњем-жањем.

З

Забрајиш-заборавиш

зављил (зављио)-одбацио, оставио

завалија-јадан, јадничко, сажељавање

зајебант-шалџија, шерет

зајебанција-шала, некада и подвала у послу

збирам-сакупљам, берем

здравје-здравље

здравац-планинска мирисна биљка, млади здравац испеван у песмама девојака за време Ђурђевдана.

зврцне-зазвони.

зевњана-земљана

зевња(зева)-негде стално непристрајно гледа

„зеленко"-зелен кондир из кога се пије хладна ракија

зивне-зовне, позове

знае-зна.

И

Ивер (треска)- парче дрвета које одлети када се сече.

изђика- израсте, одржи се у животу дете

излезни-изађи

изедем-поједем, умиљата узречица мајке према детету, умиљатост преме деци
иљадарка-новчаница од хиљаду динара
исна-истина
истрови-изгуби
ич-уопште
иш'л-ишао.

Ј

Јеч'м-јечам
„јечмари“-циглари који су увек долазили кућама за време жетве јечма
јеђте-једите
једанпут-једном
јест'к-јастук.

К

Калемар-човек који на стабло једног дрвета насађује друго, нож с којим се врши калемљење
калуп-алат, форма за ручну израду цигли
каца-дрвена посуда у којој се сакупљају шљиве за печење ракије
какавац-врста калемљене крушке са жутим, гњилим и слатким плодом, стиже крајем августа
какој-како
казан-бакарна посуда за печење ракије
казувал-казао, говорио
каракаш-црномањест
кво-шта

к'д-кад

китка-цвет

китени-окићен цвећем

кладенац-извор воде у планини ограђен каменом.

к'о-као

кот'л-котао, посуда од бакра

кондир-глинена посуда за ракију (хладну и врућу)

кондирџија-онај који служи ракију гостима из кондира, који носи китен кондир на свадбу

компир-кромпир

комине-преврела смеша воћа за печење ракије

комендијаш-забављач, шалџија, човек веселе нарави

комити-су припадници малих војних формација, који су се (уз помоћ српских власти) у турско време убацивали са ослобођених на неослобођене српске земље.

„кривина"-избегавање радних обаеза у грађевинарству, забушавње на послу, забушант.

крвопија-опасан човек

копнеје-вене, секира се

кравајче-мала погачица која се пече у пепелу огњишта

кравај-повојница

крстопутина-место укрштања сеоских путева на коме се праве мађије

крушкар-место под дивљим крушкама, продавац крушака на пијаци или коњима у планини

крушковача-ракија од дивљих крушака

курјак-вук
кyј-који
куфер-коверта за писмо, кофер за одећу и обућу
Л
Ласица-лисица
лапов-лопов
лабаво-попустљиво
лега-лежи
л'ко-лако
лепотиња-лепота.

Љ
Љушке-љуљашке.

М
Маје се-скита се, не ради
малтерка-зидарски алат
мајмунка-печалбарска торба у којој се носи алат и
покривка
мајачина – скитња, нерад
малечко-мало
марен (убије те)-женска клетва
масенга-опасан хајдук
мистрија-зидарски алат
мори-узречива у говору
малко-мало
мацарка-стара сорта модрих шљива од којих се
прави пекмез и добра ракија

мекишари-мекушац, човек који нема физичке предиспозиције за тежак рад

мине-пролази, прошао

младожењски-особа која носи китен кондир, зове на свадбено весеље и води рачуна о весељу кумова и старојка; најчешће је то зет момка, кога заките пешкиром који носи до краја свадбе

младиња-млади, омладина, девојке, момци и деца

млого-много

момкиња (слушкиња)-девојчица-овчарски и говедарски слуга код газде у планини

мученица-жена са децом без печалбара у кући која сама обавља тежачке послове у планини, жена печалбара која се много мучи од тешког рада, самоће живота и сиромаштва.

мушмула-кошчато воће које сазрева крајем јесени.

Н

Наводацисање, наводација-особа која посредује приликом удаје или женидбе

на коњче-обичај да млада снајка уштине мушко дете да заплаче а онда га дарује, како би и сама имала мушки пород

најебувал-тешко пролазио у послу

наковањ-алат за ковање косе

натрескам-напијем

научил-научио

нег'-него

нек'д-некад

неке-није
несам-нисам
носил-носио.
Њ
Њи-њима
њума-њу, ње.

О
Обртам-окрећем
ов'м-овамо
од'нем-одморим
онуј-ону
острило-камен за оштрење косе
отидне-отиде
оче-хоће
ошав-воће.

П
Паница-глинена чинија
пазук-недра
пандиљи-старо рубље
перуника-украсна планинска биљка плаве боје, има обредни значај
печалба-сезонски посао циглара, зидара, пинтера ван родног краја-тежачки посао, мука
печал (печалба)-туга, мука
печаловник-печалбар, сезонски радник
печаловина-зарада у печалби, надница сезонског радника

пенџер-прозор

писал-писао.

писувал-писао, пише писмо.

писуј-пиши.

питујем-питам.

пинтер-качар, мајстор за израду буради, бачви и каца од дрвета

пилитија-младе птице у гнезду

пландовање-одмор овци од врућине лети у подне

пладне-подне

подвешка-канап на женској плетено вуненој чарапи

повалим-похвалим

поголем-већи

поје-пева

покривка (премена)-покривачи за спавање и одећа и обућа за пресвлачење недељом у печалбу

политичи-бави се политиком

полагачке-полако

помељари-кириџије који су дотерали запрежном стоком или коњима жито да се меље у воденици.

помињујем-помињем, штедим, замена за нешто.

понек'д-понекад

поприка-паприка

постал-постао

поточаре-воденице које су радиле на потоцима

почука-потроши, пропије

прооде-пролазе

проја-хлеб од жутог или белог кукуруза који је самлет у воденици

појдоше-прођоше

промине-прође

прати-пошаљи

прекара-осећај да је близу крај живота

препеченица-два пута печена љута ракија

причал-причао

проја-хлеб од жутог или белог кукуруза самлевен у воденици

прооде-пролазе

промине-прође

пченица-пшеница

пустелија-место без живота, без птица и људи

путишта-сеоски путеви пуни блата.

Р

Работи-ради

работа-рад, сезонски рад, печалба

радовал-радовао се

речељ-дечја посластица од шљива, грожђа, тикви печенки.

С

Сабор (собор)-игранка, место забаве младих уз игру народних кола и музику трубача, гајдаша, хармоникаша

сабајле-рано у зору, рано у јутро

сас-са

свак'-свако

свадбарина-турски порез на удадбу девојке

с'г-сад

св'ки-сваки

селско-сеоско

Сирнице-верски празник у пролеће

слива- дивља шљива, дрисна, ситне шљиве.

сл'нце-сунце

смејурија-смешна ситуација, смеје се, шали се, весело је

смлачина-мешавина трава од које се праве „помије" за исхрану свиња.

с'њам-сањам

с њега-са њим

с'н-сан

совра-трпеза, дрвени ниски сто за ручавање са столицама „троношкама"

соплитале-саплитале

спијење-спавање

спи-спава

стр'на-страна

стовна (тестија)-глинена посуда из које се пије вода

Суђенице-виле пророчице-проричу живот детету кад се роди; виле-судије живота

суче-сукање (врткање, мотање) пређе на цевку, која се ставља у совељку (алат за ткање) и онда се ткаје на разбој.

Т

Таг-тада

татко-отац

т'г-тад

тезетар-мајстор циглар

тезга (астал)-сто на коме се колицима дотерано блато калупира

тенџера (лећенка)-земљана посуда овалног облика са отвором на коме је поклопац са малом рупом; у њему се кува јело поред огњишта или на шпорету

тепа-бије, туче

тепсијарка-тепсија

тија-те, ови

тике-тако

тканица-женски појас ручно ткан на разбоју

тој-то

туј-ту

турал-стављао

тугаљиве-тужне, жалосне

туршија-зимница настала кисељењем од воћа, паприка, парадајса, купуса која се чува у глиненим лонцима или качићима од дрвета

трап-рупа у којој се чува кромпир у свежем стању све до пролећа.

Ћ

Ћеримиџија-печалбар, мајстор за израду ћеремида од глине за покривање кућа у стара времена

ћиримиџија-печалбар, најамни радник: циглар, црепар и ћеримиџија ћуђумче-мала глинена посуда у којој се ставља зимница или свињска маст или сир са паприком, као и свежа јаја и држи се у хладном подруму куће.

У

Убав-леп

убаве-лепе

устанује-устаје

ушур-најам, накнада у брашну за мељаву жита.

Ц

Царевица-кукуруз

цел-цео

целивал-целивао, љубио

цивилка-служење војске ван касране без војничих обавеза

цвећке-цветови

црепуљан-велики хлеб испечен у црепуљи под сачом (вршњиком)

целивке-пољубци

црнчи-мучи се, превише ради

цунем-пољубим.

Ч

Чант(р)а-торба

черга-ћилим, ткани покривач на ручном разбоју

чељад-деца у породици

ч'с-час, тренутак.

Џ

Џилит (клиса)- дечја пастирска игра

Ш

Шешки-псећи

шес-шест

шише-стаклена флаша

штурка се-нешто се снебива, тражи се нешто

штукнем-да нестанем да ме нигде нема

штријач (штровељевач)-мајстор (ветеринар) који
кастрира вепра да не може да се пари са свињама

Белешка о аутору

Мирослав Б. Младеновић Мирац

Мирослав Мирко Младеновић - Мирац рођен је 23.9.1948. године у селу Преданчи, некада планинском засеоку - махали Горњег Дејана, општина Власотинце, на југу Србије-од оца Благоје и мајке Марице, у сиромашној печалбарској породици.

Док је одрастао на Буковој Глави, једном од планинских висова Чемерника, васпитаван је да остане везан својим коренима, своме родном селу-завичају, а од Бога му је дато да ужива у лепотама и радостима живота у традицији која полако нестаје како нестају и села у планини на почетку двадесет првог века.

Основну школу – прва четири разреда је завршио у оближњем Златићеву, а наредна четири у Свођу, до кога је пешачио, планинским беспућем, десет километара у једном правцу, по киши и снегу, до стицања првог знања за излазак у свет. Потом завршава Средњу пољопривредну школу-сточарски смер у Лесковцу, а онда ВПШ - група математика у Врању. Наставља са студијама математике, на Природно математичком факултету у Скопљу.

Апсолвирао је и почео да ради у просвети, али је због свог политичког уверења, по категорији тада "морално политичка подобност", избачен из службе и није радио у струци шест година. За сво ово време морао је да ради горштачке - планинске и сезонске надничарске послове: као косач планинских трава и као печалбар-циглар и зидар широм бивше Југославије: од Србије, преко Хрватске до Црне Горе.

Водећи тешку борбу за егзистенцију своје четворочлане породице, како би биолошки опстали тих тешких седамдесетих и осамдесетих година двадесетог века, прихвата се да ради као наставник математике од села Доње Кусце на Косову (Гимназија у Косовској Каменици), па преко Орашја, села код Велике Плане, потом онда сеоских основних школа: Тегошница, Свође, Крушевица, све до Шишаве у власотиначком крају.

Писао је и објављивао још као средњошколац у многим листовима и часописима у Србији и некадашњој Југославији. Бави се сакупљањем етнографско - историографске грађе о власотиначком крају.

Као математичар и педагог својим иновацијама учествује на многим конгресима и саветовањима. Стручно - педагошки радови штампани су му у великом броју публикација.

Данас пише песме и кратке приче везане за живот у његовом завичају, каквог га памти из младости. Као сарадник светске електронске енциклопедије (Internet Wikipedia)- на страни Wiki Vlasotince узео је учешће у писању о Власотинцу и околини.

Део песама из   тада необјавјавјене збирке ПАНИНСКА ОРАТА заступљен је у збирци песама чланова Друштва завичајних песника Власотинца КУЋА ОД РАСЦВЕТАЛИХ ЖЕЉА у издању Фондације   даровитих   „Христифор Црниловић-Кица" – Власотинце, 2007. године.

 У издању Фондације   даровитих   „Христифор Црниловић-Кица" 2008. године је изашла збирка песама ПЛАНИНСКА ОРАТА.
 Објављује другу збирку песама на дијалекту: ПЕЧАЛОВИНА(2011.г.,   трећу   збирку   песама АБЕР СА ПЛНИНЕ (2011.г.), ПЕЧАЛБАРСКА ПИСМА (2014.г) и ПСОВКЕ И РУЖНЕ РЕЧИ ИЗ ВЛАСОТИНАЧКОГ   КРАЈА   У   СРПСКОМ ЈЕЗИКУ_ПОВЛАСИЊЕ(2015.г.).
У штампи је и нова књига из народне књижевности-етнологије под називом: ДЕЦА У ИГРАМА И ПЕСМАМА ПОВЛАСИЊА.

Објављује своје песме на дијалекту и етнолошко-етнографске радове на интернету amazon.com;

као и на многим форумима и порталим у Сбији и окружењу.

У припреми су многе публикације са записима о селима из власотиначко-црнотравског краја и из живота њихових становника у прошлости.

Његови записи о животу на селу, историји, обичајима, језику и умотворинама, испричаним дијалектом средине, остаће као драгоцени материјал за будућа етнолошка, културна и историјска сазнавања о народу на југу Србије.

* * *

ЗАХВАЛНОСТ

Захвалан сам Срби Такићу, новинару и песнику на техничкој и другој помоћи око издавања збирке песама на дијалекту: ПЛАНИНСКА ОРАТА, 2008. године.

Такође сам захвалан и свом сину Саши Младеновић на финансијској помоћи приликом издавања ове збирке песама. Захвалан сам и на поговор написан од покојног Славољуба-Саше Живковића- поводом излажења у публикацији 2011.године збирке песама на дијалекту пшод називом АБЕР СА ПЛАНИНЕ. У поговору се помиње и ова збирка песама на дијалекту ПЕЧАЛОВИНА,

Такође, захваљујем се на уступљене фотографије о црнотравским печалбарима, од стране фамилије Симона Симоновића- Монке из Београда; пореклом црнотравца.

АУТОР

САДРЖАЈ:

Друго допуњено издање

Мирослав Б. Младеновић Мирац

ПЕЧАЛОВИНА

Песме

Издавачи: *Аутор и Лоза – Друштво за очување културног наслеђа и традиционалних вредности власотиначког краја*

Штампа: *Штампарија*

Фотографије: *Мирослав Б Младеновић Мирац*

Тираж: *150 примерка*

Број страница: *167 страница*

Власотинце, 2015. године

Мирослав Б. Младеновић Мирац

П Е Ч А Л О В И Н А
песме

Прво издање:
ЦИП-каталогизација у публикацији
Народна библиотека Србије, Београд
821. 163.41-1

МЛАДЕНОВИЋ, Мирослав, 1948-
Печаловина: песме/ Мирослав Младеновић Мирац-
Власотинце:М.Младеновић:Лоза-Друштво за очување
културног наслеђа и традиционалних вредности
власотиначког краја,
2011 (Власотинце: Графичар Но 5)- 159 стр.: илустр.; 21см
Тираж:300.- речник локализма и архаизма: стр. 137-152.-
Белешка о аутору. Стр. 154-156
ISBN 978-86-873-21-02-1
COBISS.SR-ID 186603788
Издавачи: *Лоза – Друштво за очување културног наслеђа и традиционалних вредности власотиначког краја и аутор*
Уредници: *Срба Такић и Мирослав Младеновић*
Технички уредник: *Стојан Радуловић*
Коректура: *Славољуб Живковић*
Графички прелом: *Далибор Бошковић*
Дизајн корица: *Далибор Бошковић*
Штампа: *Графичар Но 5, Власотинце*
Тираж: 300 примерака

www.ingramcontent.com/pod-product-compliance
Lightning Source LLC
Chambersburg PA
CBHW060755050426
42449CB00008B/1413